改革开放进程中的经济学家学术自传

张卓元　高培勇　主编

郑新立学术自传

郑新立◎著

ACADEMIC AUTOBIOGRAPHY OF ZHENG XINLI

SPM
南方出版传媒
广东经济出版社
·广州·

图书在版编目（CIP）数据

郑新立学术自传 / 郑新立著. —广州：广东经济出版社，2020. 1

（改革开放进程中的经济学家学术自传）

ISBN 978-7-5454-6941-7

Ⅰ. ①郑…　Ⅱ. ①郑…　Ⅲ. ①郑新立－自传　②中国经济－文集　Ⅳ. ①K825. 31　②12-53

中国版本图书馆CIP数据核字（2019）第233124号

出 版 人：李　鹏
责任编辑：周　晶
责任技编：陆俊帆

郑新立学术自传

ZHENGXINLI XUESHU ZIZHUAN

郑新立　著

出版发行	广东经济出版社（广州市环市东路水荫路11号11—12楼）
经销	全国新华书店
印刷	恒美印务（广州）有限公司（广州市南沙经济技术开发区环市大道南路334号）
开本	787毫米×1092毫米　1/16
印张	12. 25
字数	135 千字
版次	2020年1月第1版
印次	2020年1月第1次
书号	ISBN 978-7-5454-6941-7
定价	88. 00元

广东经济出版社网址：http://www.gebook.com　微博：http://e.weibo.com/gebook

图书营销中心地址：广州市环市东路水荫路11号11楼

电话：（020）87393830　邮政编码：510075

《改革开放进程中的经济学家学术自传》丛书

编辑委员会

《改革开放进程中的经济学家学术自传》丛书分册名录

（按姓氏音序排列）

1.《白重恩学术自传》
2.《蔡昉学术自传》
3.《常修泽学术自传》
4.《陈东琪学术自传》
5.《陈锡文学术自传》
6.《迟福林学术自传》
7.《樊纲学术自传》
8.《范恒山学术自传》
9.《房维中学术自传》
10.《高培勇学术自传》
11.《高尚全学术自传》
12.《郭克莎学术自传》
13.《洪银兴学术自传》
14.《黄达学术自传》
15.《黄群慧学术自传》
16.《贾康学术自传》
17.《江小涓学术自传》
18.《金碚学术自传》
19.《李实学术自传》
20.《李晓西学术自传》
21.《厉以宁学术自传》
22.《林兆木学术自传》
23.《刘诗白学术自传》
24.《刘世锦学术自传》
25.《刘树成学术自传》
26.《刘伟学术自传》
27.《马建堂学术自传》
28.《彭森学术自传》
29.《宋晓梧学术自传》
30.《田国强学术自传》
31.《王梦奎学术自传》
32.《王一鸣学术自传》
33.《魏杰学术自传》
34.《魏礼群学术自传》
35.《乌家培学术自传》
36.《吴敬琏学术自传》
37.《杨瑞龙学术自传》
38.《张军学术自传》
39.《张军扩学术自传》
40.《张晓山学术自传》
41.《张燕生学术自传》
42.《张宇燕学术自传》
43.《张卓元学术自传》
44.《赵人伟学术自传》
45.《郑新立学术自传》
46.《周叔莲学术自传》

总　序

Preface

盛世出华章。中国的改革开放是一场波澜壮阔、前无古人的伟大社会变革，也将是世界经济发展史上的瑰丽篇章。中国经济学家在这场伟大变革中，或贡献了智力，或参与了实践，无论是参政建言还是学术构建，均厥功甚伟。

在我们先后迎来改革开放40周年和中华人民共和国成立70周年之际，为了记录并彰显中国经济学家的历史贡献，为中国特色社会主义事业进一步发挥智慧的力量和作用，同时借以勉励后学筑梦前行，我们组织并编辑了这套《改革开放进程中的经济学家学术自传》丛书。

这套丛书的出版设想，最初由广东经济出版社提出。在此之前，得力于中国社会科学院经济研究所张卓元教授等的大力支持，该社曾于2009年编辑出版《影响新中国60年经济建设的100位经济学家》丛书。那套丛书产生了良好的社会反响，也获得了较高的学术评价。弹指一挥间，又是一个十年，共和国迎来了70华诞，改革开放也逾40周年。在这样一个特殊的背景下，广东经济出版社邀请张卓元教授和高培勇教授领衔，由《经济研究》编辑部具体负责，组织、编辑一套集中反映改革开放进程中的经济学家学术探索和心路历程的丛书。

认识到这是一件颇具眼光、很有意义的事情，于是，便有了读者眼前这套《改革开放进程中的经济学家学术自传》丛书编辑出版工作的启动。

中国经济改革与发展的伟大实践，为中国经济学家的成长提供了肥沃的土壤。要从这些灿若繁星的经济学家中推选出大家比较公认的富有影响力的经济学家，并不容易。怎样推选？推选多少？具体标准是什么？如何约稿？丛书的体例又该如何把握？这一系列相关问题接二连三地提至我们面前。

为此，在初步拟订编辑出版方案的基础上，由张卓元教授和高培勇教授主持，邀请部分专家召开了小范围的论证会议，就组建丛书编辑委员会以及丛书编辑出版的一系列相关问题听取意见，进一步完善方案。

紧跟着，2017年6月25日，丛书编辑委员会会议在北京举行。出席会议的委员共有19位（按姓氏音序排列）：白重恩、常修泽、陈东琪、陈锡文、迟福林、高培勇、郭克莎、黄群慧、金碚、李晓西、刘伟、彭森、宋晓梧、田国强、魏礼群、吴敬琏、张军扩、张燕生、张卓元。因故请假、提供书面意见的委员有10位（按姓氏音序排列）：蔡昉、曹远征、贾康、李实、李扬、厉以宁、林毅夫、刘世锦、钱颖一、张军。

这次编辑委员会会议就如下一些重要问题形成了高度共识：

第一，关于丛书的意义。委员们高度认可丛书的编辑出版工作，认为这是一项富有重要历史和现实意义的出版工程。

第二，关于丛书入选者的标准和数量。委员们认为应本着宁缺毋滥、质量为先原则，以对改革开放事业的某个特定领域做出实质性贡献或产生实质性影响的经济学家为重点，入选者宜掌握在60位左右。

第三，关于丛书的体例。基于凸显学术价值和史料价值的考虑，委员们认为学术自传宜涵盖作者的学术成长历程、作者对改革开放事业某个特定领域的研究成果和学术贡献、作者对特定领域改革前景的展望等方面内容。

第四，关于丛书的读者对象。委员们认为应主要面向青年学者以及学生，谈人生经验、述理想情怀，激励广大青年学者和学生确立奋斗的目标、发展的方向和成功的路径。

第五，关于丛书的文风。委员们主张学术自传应具有较强的理论性、学术性，同时文笔流畅、深入浅出，具有一定的可读性。

在经过充分讨论形成的候选经济学家名单基础上，与会委员按照获得半数以上多数票入选的规则，以无记名投票方式表决确定了65位入选者。

会议还决定，请因故请假的委员继续对候选经济学家名单通讯投票，并根据此项流程的统计结果，提请全体编辑委员会委员再进行一次通讯评审，最终确定丛书入选者为68位。

由此产生的《改革开放进程中的经济学家学术自传》丛书入选作者为（按姓氏音序排列）：白重恩、蔡昉、曹远征、常修泽、陈东琪、陈清泰、陈锡文、迟福林、樊纲、范恒山、房维中、高培勇、高尚全、郭克莎、郭树清、韩俊、洪银兴、华生、黄达、黄群慧、贾康、江小涓、金碚、李剑阁、李京文、李实、李晓西、李扬、厉以宁、林毅夫、林兆木、刘国光、刘鹤、刘诗白、刘世锦、刘树成、刘伟、隆国强、楼继伟、马建堂、彭森、钱颖一、宋晓梧、田国强、王梦奎、王一鸣、魏杰、魏礼群、乌家培、吴敬琏、吴晓灵、杨启先、杨瑞龙、易纲、余永定、张军、张军扩、张维迎、张晓山、张燕生、张宇燕、张卓元、赵人伟、郑新立、周其仁、周叔莲、周小川、朱玲。

在确定入选者名单之后，《经济研究》编辑部立即展开了组稿工作，共有46位入选者接受约稿。在这一过程中，入选的经济学家或其家属、秘书、好友等，对我们的工作给予了热情的支持，在百忙之中积极准备所需要的文献，其认真精神令人感动。应该说，没有他们的积极响应和大力支持，这套丛书是难以按时按质完成的。

由于入选的经济学家大多是名人、忙人，有一部分老作者也已年届九十高龄，约稿的工作量及其难度可想而知。一些作者提出暂不能写作，这多少令我们感到些许遗憾。其间也有许多感人的情景要告诉读者们：常修泽先生于2018年夏天在吉林延边的一个小镇闭门两三个月专事自传写作，在整个写作过程中数十次与编辑部和出版社沟通，包括内容完善、结构设计和一些合理性建议等诸多细节，并且在约定期限内交稿给编辑部；九十五岁高龄的黄达教授在写作过程中十余次通过电话或电子邮件与编辑部讨论写作重点和风格；乌家培、林兆木、王梦奎等老先生也是不厌其烦，反复就文字沟通润色；周叔莲先生在去世前一周还给编辑部打电话，告诉编辑自己已经基本完成了书稿的写作，并详细介绍了自己的写作过程和感想，我们至今忆此仍为之动容。在这些难得的沟通中，我们一次次被感动。

随着此套丛书的陆续编辑出版，我们越来越强烈地体会到了这项工作的意义和价值：

入选这套丛书的作者，系改革开放进程中的经济学家，他们的知名度较高，社会影响较大。这套自传体丛书，是对他们的代表性研究成果、学术贡献、成长历程及人格魅力的一个集中展示。对于广大读者特别是青年学子来说，这无疑是一个难得的学习、了解我国经济理论和现实问题的机会。

这些经济学家在各自的学术领域都是佼佼者或领军者，他们学术素养深厚、学术成就卓越。他们在自传中大多以第一人称娓娓道来，讲述了自己的家国情怀与学术成长经历，为记录我国改革开放历程留下了第一手资料。从经济史和思想史的角度看，这应该是非常有史料价值的研究文献。

众多大家的纸上风华，既映射出中国改革开放40多年取得的巨大成就，也是对中国改革与发展经验比较系统的总结。正如习近平总书记所指出的：“从我国改革发展的实践中挖掘新材料、发现新问题、提出新观点、构建新理论，加强对改革开放和社会主义现代化建设实践经验的系统总结，加强对发展社会主义市场经济、民主政治、先进文化、和谐社会、生态文明以及党的执政能力建设等领域的分析研究，加强对党中央治国理政新理念新思想新战略的研究阐释，提炼出有学理性的新理论，概括出有规律性的新实践。这是构建中国特色哲学社会科学的着力点、着重点。”应该说，本套丛书的作者们用生动而精彩的人生与学术追求，践行了这一重要要求。

这套丛书的编辑出版与《经济研究》编辑部各位同仁的努力也是分不开的。他们通过电话、短信和邮件等方式不断地与作者或其家人、秘书等进行沟通。参加组稿和审稿工作的人员有：郑红亮、刘霞辉、张永山、唐寿宁、王利娜、谢谦、金成武、孙三百、陈小亮、欧宏、王红梅、刘莹、曹帅。

广东经济出版社的领导和编辑在本丛书的出版过程中也做了大量的工作，正是有了他们的努力，这套丛书才能得以顺利与读者见面。

特别值得一提的是，这样一套组织工作浩繁的大型丛书，见证了《经济研究》编辑部与广东经济出版社值得称道的团队合作精神。编辑部的张永山、王红梅同志和广东经济出版社的编辑团队从始至终为丛书的组织沟通、约稿、文稿整理付出了大量的心血，他们的耐心和一丝不苟的敬业精神令人称道。

这套丛书就此付梓了，回望中国改革开放的辉煌岁月，携手丛书作者对祖国的拳拳心路与期待，我们略感欣慰！但由于时间仓促，加之我们的水平有限，书中的不足和错误之处在所难免，敬请广大读者批评指正。

《改革开放进程中的经济学家学术自传》丛书编辑委员会

2019年10月

作者简介

郑新立

1945年2月12日，出生于河南省唐河县上屯乡褚庄一个农民家庭。1964年从唐河一中高中毕业。1964—1970年在北京钢铁学院采矿系学习。1970—1978年在邯郸市邯邢基地冶金矿山建设指挥部，先后做过工人、技术员、理论教员、理论教育科副科长、党委办公室副主任。1978年考入中国社会科学院研究生院工业经济专业，1981年获经济学硕士。

1981—1987年，在中共中央书记处研究室经济组工作，曾任处级调研员、经济组副组长。其间1984—1986年在中共中央党校培训部学习两年。

1987—2000年，在国家计划委员会工作，先在国家信息中心任副总经济师2年，后在政策研究室工作11年，曾任副主任、主任、副秘书长、新闻发言人。

2000—2010年，任中共中央政策研究室副主任。2008—2013年任第十一届全国政协经济委员会副主任。

2009年协助曾培炎同志创办中国国际经济交流中心，2009—2015年任常务副理事长。兼任中国工业经济学会会长、中国政策科学研究会执行会长、中国城镇化促进会常务副会长。2014年被《经济学家周报》评为“2013·经济学人”十位著名经济学家之一。

序言一
文必切于日用

滕文生①

1981年秋，中共中央书记处研究室为了充实和培养研究工作的后备人才，从中国社会科学院研究生院首届毕业生中选调了4名同志，郑新立便是其中之一。我当时在书记处研究室理论组工作，新立同志被分配到经济组。1987年，中共中央书记处研究室被撤销，我调到中共中央顾问委员会办事机构工作，新立同志调到国家计划委员会。1993年，我已到中共中央政策研究室担任领导职务。这一年，受美中文化艺术交流协会邀请，组织了一个赴美考察团，由时任国家计委副主任桂世镛任团长，我为随团顾问，新立同志为访问团成员，彼此度过了一段难忘的考察生活。

① 滕文生，1940年10月生于湖南省长宁县，1960年考入中国人民大学中共党史系。1964年到马列研究院工作。1965年调到《红旗》杂志社。1975年先后在人民出版社、国务院政治研究室工作。1979年8月调到中共中央政策研究室。1980年5月后，先后任中共中央书记处研究室副研究员、研究员，理论组副组长、组长。1983年11月任中共中央整党工作指导委员会办公室宣传组组长。1987年10月任中共中央顾问委员会副秘书长。1989年10月后，先后任中共中央政策研究室副主任、主任。2002年至2007年任中共中央文献研究室主任。中共十五届、中共十六届中央委员，第十一届全国政协常委。

2000年，新立同志从国家计委研究室主任、副秘书长岗位上调到中共中央政策研究室任副主任，我们又共事了几年。退休之后，我们又一起在中国政策科学研究会做些有关的研究工作。可谓几十年间多有交往，念兹在兹。

今年是改革开放40年，经济学界要为一些对改革发展的理论和政策研究做出贡献的学者出版学术传记，新立同志作为经济理论和政策的研究者入选，这是一件有意义的事情，也是入选者的光荣。学术传记是学者的学术研究历程及其成果的记录和展示，不同学者会有不同的学术贡献及其特色。术有专攻，选编好一部某一方面的学术传记，如同在这一方面建造一个“学术花园”，使之众彦齐集，交相辉映，异彩纷呈，于经国治事往往可以收到金声玉振、文韵流芳之效。

改革开放以来，新立同志虽然在不同部门和单位工作过，但大都是从事改革和发展中的经济理论与政策研究，撰写过不少研究文章，同时还多次参与过党和国家一些重要文件的起草。他的这些经历，不仅使他成为20世纪八九十年代以来我国改革发展实践和研究的亲身参与者，也使他成为经济改革的一些重要理论和政策的形成与发展的历史见证者。

在我国社会主义改革开放和现代化建设的史诗般的历程中，所有的参与者和研究者，都会以自己这样那样的建树而奉献于其中。郑板桥曾说“文必切于日用”；在学术风格上，“学者当自树其帜”。在建设中国特色社会主义思想旗帜的指引下，新立同志的学术研究不仅有着自己的建树，也有着自己的研究特色与风格。他不仅是集读书学习、调查研究、理论思考于一身，融实践经验、认识升华、成果应用于一炉，而且是数十年间，一以贯之，别致其格，坚守其帜。这从新立同志的著述和学术传记中，可以清晰察见。作为一个马克思主义的理论工作者和学术研究者，坚持做到这一点是非常重要的，也属难能可贵的。

序言二
我和郑新立共同经历的改革岁月

魏礼群[1]

我和郑新立相识是在1984年。当时由国家计委副主任宋劭文主持在哈尔滨召开计划体制改革研讨会，我在国家计委政策研究室，新立在书记处研究室，我们对计划体制改革都很关注，而且他读研究生时的论文指导老师桂世镛在计委研究室担任领导工作，我们对桂世镛同志的学问以及他对年轻人的指导都很钦佩，所以相谈甚欢。

1987年书记处研究室被撤销，郑新立被分配到国家计委下属的国家信息中心工作。1989年在房维中、桂世镛领导下由我负责抽调人员组建国民经济和社会发展“八五”计划起草小组，新立同志参加，从此我们开始了共同参加中共中央、国务院和国家计委各种文稿的起草工作，一直到退休。

① 魏礼群，1944年12月生，江苏睢宁人，北京师范大学历史系毕业，研究员、教授、博士生导师。曾任中共中央委员，国务院研究室主任、党组书记，国家行政学院党委书记、常务副院长，第十一届全国政协文史和学习委员会副主任。主要研究宏观经济与社会发展理论和政策，以及行政体制改革理论和政策，是中国经济学界的代表性人物之一。2009年被评选为影响新中国60年经济建设的100位经济学家之一。

在我们共同参加起草的文件中，有三种类型印象最深:

一是关于五年计划或规划以及每年由国家计委主任向全国人大所做的国民经济和社会发展计划报告的起草工作。“八五”计划以满足居民对吃穿用的需求、稳定市场价格为主要任务;“九五”计划主要是推动经济增长方式和经济体制转变，实现第二步发展战略的任务。每个五年计划或规划经全国人大批准实施后，我们又积极撰写阐释的文章和读本，宣传中央做出的重大战略决策和方针政策。

二是起草关于中央金融工作会议的文件。20世纪90年代中期，国民经济中出现了“乱集资、乱拆解、乱设金融机构”和“房地产热、开发区热”等现象。在时任中共中央政治局常委、国务院副总理朱镕基的直接领导下，我们对这种混乱现象进行清理整顿和深化金融体制改革。经过充分调查研究，中央决定召开全国金融工作会议。我当时在中央财经领导小组办公室担任副主任，负责为会议准备文件。郑新立参加了这项工作。当时我们对金融都不熟悉，为了把文件写好，可以说是不遗余力。我们虚心向熟悉业务的同志学习，向实践学习，通过起草中央文件，增加了关于金融方面的知识。此后我负责的全国金融工作会议文件起草又进行了三次，新立同志都参加了。这四次会议及相关文件对金融改革发展、促进经济稳定发展发挥了重要作用。

三是主持《政府工作报告》起草工作。我从中财办调到国务院研究室以后，每年主持《政府工作报告》起草工作，包括朱镕基同志和温家宝同志担任总理的大多数时期，新立同志都参与其中。两位总理对《政府工作报告》要求都很高，我们在起草中十分认真，不敢有半点懈怠和马虎。每次报告得到两会代表好的评价，我们才算松一口气。

退休之后，我们都到中国国际经济交流中心这个智库工作，在曾培炎理事长的领导下为建设新型智库继续发挥余热。

回顾我们30多年的共事和合作，我感觉郑新立最大的特点，就是对我们党、国家和社会主义真挚的热爱和为之不懈奋斗的情怀，由此产生出忘我的工作精神。我们常常彻夜加班毫无怨言。虽然工作苦点累点，但是我们觉得这和常年在土地上劳作的父辈和农民相比，算不了什么，并以有机会参与如此重要的文稿起草等活动感到自豪和荣幸。新立同志热衷于学习新的知识，注重全面了解经济情况，善于提出建设性意见，他观点鲜明，思路清晰，喜欢讨论问题，敢于在有困难的情况下提出解决问题的办法。

在改革开放迎来40周年的时候，回顾我们共同度过的日日夜夜，心情激动。写下上述文字，以作为郑新立同志传记的序言。

目录

壹

我是怎样走上经济研究道路的

自1978年开始的改革开放，迄今已经历了40个年头。这是中国几千年历史上经济社会制度深刻变化的40年，是社会生产力跨越式发展的40年。这40年所创造的生产力，超过中国几千年历史的总和。为什么生产力能够被魔术般地呼唤出来？主要在于思想的解放带来了体制机制的变化，在于改革开放打破了束缚生产力发展的桎梏。

生在这样一个伟大时代，能够从头到尾亲身参加到改革开放的洪流之中，并为之贡献自己微薄的力量，我感到十分幸运。特别是作为一个智库工作人员，能够把自己在经济理论和经济政策方面的研究成果与改革发展的实践结合起来，并产生出物质效果，我感到十分欣慰。

感谢中国社会科学院和广东经济出版社，在拟出版的一批为改革做出贡献的经济学者学术自传中，把我选入其中。

一　童年和青少年时期的农民烙印

1945年2月12日，农历腊月三十，在抗日战争胜利的曙光已经显现的时候，我出生在河南省唐河县一个农民家庭。在我出生后4个月，父亲就去世了。听我母亲讲，父亲是被国民党军队拉壮丁，赶着牛车为国民党军队送东西。出去一个多月，路上得病，回来就发高烧，卧床不起。请邻村一个乡土医生看病，吃过一服中药后病情加重，不久就去世。父亲去世后，家庭重担全落在我爷爷身上。全家还有奶奶、母亲、小叔共5口人，自家有8亩地，另外租种本村地主家几亩地。1949年土地制度改革时我家被划为下中农。回忆幼年的时候，奶奶总是没完没了地纺线，母亲总是不分昼夜地织布。我的家庭属于典型的以耕织为本的传统农民家庭。我的小叔比我大7岁。1952年我开始在距村子1里地的一个叫草寺的破庙里上小学。小叔只能在家割草喂牛，帮爷爷干农活，一天学也没能上。初小毕业，我被保送到离家6里的丁岗小学读高小，开始住校。1958年高小毕业我又被保送到设在丁岗的唐河九中读初中。从土地制度改革到1958年之前，分了地的农民劳动积极性很高，村上人畜两旺，眼看着日子一天比一天好。在我6岁的时候，村里出现一种传染病，专传染儿童，死了不少孩子，光是邻居家就死了3个。我也被传染，记得主要靠喝芦苇根熬的水救了一命。总的来说，在我童年的记忆中，村子里的农民基本上是安居乐业的。

1958年之后，形势急转直下。村里人都吃食堂，大部分劳动力去炼钢铁、修水库。红薯烂在地里没人收。我们初中一年级的学生也停课，到唐河边上淘铁砂。一天三顿都吃红薯，风一吹，胃里酸水直往外流。后来，嘴里嚼上一块肉桂，症状才有所减轻。到了1960年，连红薯也吃不上了。有一个星期天，我到下屯乡湖东村看望姑奶。姑奶有五个儿子，全都在外地出工，有的修水库，有的修铁路。留下姑奶一个人，她用一个瓦罐煮了一些青麦苗，算是两个人的一顿饭。因为铁锅被砸了拿去炼铁，食堂已经好多天没有冒烟。我们褚庄也一样，饿死了不少人。学校稍好一点，每天还能吃三顿稀饭。所谓稀饭，就是在熬的干红薯叶汤里搅上一些玉米糁、高粱面或红薯面，稀得能照见人影。我在班里当班长，和同学们一起在操场上种菜。我们种的胡萝卜，眼看就要收了，附近陈庄来了一大群人，手里拿着铁耙、箩筐，说地是他们的，胡萝卜也是他们的，眼睁睁看着他们把我们辛辛苦苦种下的劳动果实全抢光了。老师怕出事，让我们不要动。那么多成年农民欺负我们这帮孩子，这在我心里留下永远抹不去的记忆。

1961年我考取唐河一中读高中。中央开始纠正共产风、浮夸风，以后又分自留地，农村的情况开始好转。高中的三年是紧张的，伙食虽然以红薯为主，但毕竟能吃饱了。这三年，我的考试成绩始终排在全班第二名，而且文科成绩总是比理科成绩好。毕业时，我想报考文科，班主任老师说，按我的成绩，考上一类理工科大学没问题，但考文科就没有把握了。所以我就报考了理工科，被北京钢铁学院录取。1965年10月31日，我在大学二年级的时候入党。之后不久“文化大革命”爆发，学生们开始停课闹革命。后来，学校两派武斗。我没什么事情做，看了不少哲学和政治类的书籍。

1964年高中毕业时照片。

童年和青少年时期的经历，使我对农民的艰辛、落后和政治运动如何改变他们的命运有了深切的感受。虽然自己离开了农村，但能为他们做些什么始终是挥之不去的愿望。2000年后我在中央政策研究室工作时投入了很大精力研究农村问题，提出许多关于农村的政策建议，根源就在于此。

二 在工业企业工作的九年

1970年大学毕业，我被分配到邯郸市邯邢冶金矿山公司工作。先在选矿厂当工人，开球磨机。后来到厂生产组当计划员。1972年到公司设计队工作，参加了团城铁矿和北铭河铁矿的施工设计。1972年被调到公司党训班当理论教员，其间曾到河北省委党校和邯郸地委党校学习《共产党宣言》《哥达纲领批判》《反杜林论》《帝国主义论》等著作。1973年公司生产与基建分家，我到邯邢基地冶金矿山建设指挥部工作。先在宣传部理论教育科任副科长、党委学习秘书，后任党委办公室副主任兼学大庆办公室主任。1974年著名的先进集体马万水工程队从宣化龙烟铁矿调来我公司，很多时间里，我同马万水工程队在一起，总结工程队的经验，起草工程队领导参加各种会议的发言稿。1976年我曾随工程队领导一起参加了全国计划会议。会议期间唐山发生地震。邯邢矿建指挥部是冶金部直属企业，有两万多人，所属公司分布在太行山东麓邯郸、邢台境内的十几个矿山，工作条件比较艰苦，思想政治工作抓得比较紧。我在邯郸工作9年，对国有企业的管理体制及其弊端有了亲身感受，这为我以后从事工业经济研究打下了基础。

三 研究生的三年

1978年恢复研究生考试，中国社会科学院成立研究生院，马洪同志创办了工业经济研究所。我有幸考取了中国社会科学院工业经济专业研究生，接受了3年系统的经济学基础知识的教育。在研究生期间，陈云同志出来主持经济工作，做的第一件事就是调查研究，成立了结构组和理论组两个调查组，马洪同志分管结构组。在薛葆鼎同志的带领下，我们到上海进行了为期2个多月的调研，走遍了工厂、棚户区，乘船沿苏州河考察了污染的严重状况。我负责的是投资渠道的详细调查报告。回京后，又参加了经济结构的大讨论。每个星期由一个部门的同志讲，系统总结前30年的经验教训，连续讲了3个多月。我每一次都认真听，特别是当讲到受“左”的经济指导思想影响，经济大上大下，带来重大

1981年从研究生院毕业时与老师合影。前排右起分别是薛葆鼎、马洪、陆斐文、桂世镛、张宣三，后排左起第二人是吴家骏，后排右起第一人是作者。

损失时，讲者捶胸顿足，声音哽咽，我的心灵受到巨大震撼。结合自己青少年时期的经历，终于明白了为什么会出现20世纪60年代初的饥荒、为什么会出现消费品匮乏、为什么经济发展欲速则不达，原来问题出在“左”的经济工作指导思想上。在研究生院，我们还经常听到许多经济名家的演讲，听过胡乔木、邓力群、于光远、周杨、孙冶方、张友渔、马洪等大学问家的讲课，这些讲座更使我开阔了眼界。我的硕士论文《论最终产品和最终产品率》，主要是听了经济结构大讨论之后进行的思考。

四　经济研究的知识扩展阶段

与桂世镛老师在一起。

1981年研究生毕业，我被选调到中共中央书记处研究室经济组工作，主要负责编辑《经济问题研究资料》，每期一篇文章，送中央领导同志参阅。有时也出去参加一些学术讨论会。这一时期，改革开放刚刚开始，各种思想比较活跃，争论的问题也比较多。比较集中的是农村土地制度改革、国有企业改革、计划体制改革等。这一时期，我对经济理论和经济政策问题有了比较多的了解，所写的文章大多是对党的重大方针政策的阐释和对邓小平、陈云著作的解读，为以后的研究工作打下了基础。

五 研究成果最多的时期

1987年中共中央书记处研究室被撤销，我到国家计划委员会工作，先到国家信息中心担任副总经济师，主要从事国内经济形势的跟踪研究。时间虽然只有2年，但专心致志做经济研究工作，写了不少文章，主要是对建立国民经济调控体系进行了比较系统的思考，对经济形势进行跟踪分析和预测。1989年参加国家“八五”计划起草工作，1990年调到国家计委政策研究室，开始了长达11年在国家计委的文件起草和政策研究工作。

在国家计委工作的13年，宏观经济领域经历了简政放权、抑制通胀、扩大内需三个阶段，这三个阶段正好与邹家华、陈锦华、曾培炎三位主任的任期相一致。

简政放权是计划经济体制向市场经济体制转变的核心内容。在传统计划经济体制下，物资统一调拨，资金统收统支，人员统一分配，工资统一提升，全国的投资全部集中到国家计委，由国家计委统一安排国家建设项目，地方和企业没有扩大再生产的权限。连企业进行设备更新、技术改造这类属于简单再生产的投资，也需要国家计委统一安排计划。这种体制在新中国成立初期集中力量进行工业化建设阶段，发挥了一定的优势，可以集中力量办大事。但是，随着经济规模的扩大，这种体制就显得越来越不适应经济发展的要求，主要是它不利于发挥地方和企业的积极性。同时，由于社会需求的多样化和经常变化，社会产品的品种越来越多，花色品种需要不断更新，这项复杂的工作靠一个机构是根本不可能完成的，只能通过市场来调节。计划经济体制导致商品品种单一，许多商品供求失衡。记得当时我们常讲的一个例子就是，北京的王府井百货大楼销售的商品品种仅有8万多种，而东京池袋店共有30多万种。仅钢材一个产品，就有几千个不同品种和规格。靠国家的统一计划根本不可能把供需衔接好。但是，从计划调节到市场调节，需要有一个过程，不能一下子全放开。国家计委每隔一段时间公布一批放开计划管理、交由市场调节的商品目录，同时公布下放投资审批权限的项目投资总额。直到放开计划调拨和政府定价的商品品种占全部商品品种的90%以上，放开的程度甚至超过了一些市场经济发达的国家。投资审批权限也大部分下放给地方政府和企业，国家仅保留对全国性的关系国计民生和经济命脉的重大项目的审批权限。这种渐进式改革，避免了经济的波动。后来苏联出现“休克疗法”改革带来的混乱，从反面证明了我们采取渐进式改革的正确性和对人民高度负责的精神。简政放权激发了地方政府和微观经济的活力，使投资保持旺盛增长，对国民经济的腾飞起到了重要作用。这一时期我把所见所闻和研究心得写成了许多文章，为改革鼓与呼，在计划体制和投资体制改革上提出了一些建议，如建立计划、财税、金融相互协调的宏观调控体系，建立年度计划、中长期规划和专项计划相互配合的计划体系，建立投资项目业主负责制、招标投标制、施工监理制、建设项目后评估制等，对民间投资和国有企业投资在项目审批、银行贷款、财政税收、土地供应等方面要一视同仁等，参与了设立国家开发银行等改革方案的制定。

20世纪90年代初期，抑制通货膨胀成为宏观调控的主要任务。为了理顺在长期计划经济体制下形成的价格扭曲问题，我们逐步从计划价格、双轨制价格向市场价格过渡，这就必然导致部分商品价格的上升，同时，由于投资规模过大，引起总需求膨胀，导致恶性通货膨胀，1994年通胀率高达21.4%。经济社会的稳定关键在于市场，市场的稳定关键在于物价。为了把过高的通胀率降下来，中央采取综合性对策，财政、金融实行双紧政策，对乱集资、乱拆借、乱设金融机构和开发区热、房地产热采取严厉整治措施。在抑制总需求的同时，努力增加短缺商品供给，实行“菜篮子”市长负责制、“米袋子”省长负责制。经过三年努力，到1997年，通胀率终于降到7%以下，成功实现了“软着陆”。这次价格波动的最大教训就是，必须保持总供求的大体平衡，这是宏观调控的一项重要职能。就部门分工来说，财政通过预算支出引导结构调整，央行通过货币政策调节总需求以保持币值稳定；财政部负责中长期结构优化，央行负责短期经济运行稳定。两者必须以计划为依据，相互协调、密切配合。中长期计划提出战略目标、方针政策，年度计划提出经济增长速度、投资总规模、财政收支、货币发行、物价、就业、居民收入、国际收支八大调控目标，经全国人大通过后，就具有一定法律的意义，财政、银行、价格等调节手段，都要围绕实现宏观调控目标形成合力，从而取得事半功倍之效。

我自始至终参加了反通胀的工作。国务院组织的由时任正部级领导带队的十几个调查组分赴各地调研，才真正摸清了情况。我在调查组办公室工作，参与了调研情况的汇总和报告的撰写，为国务院出台的16条整治措施提供了依据。这一时期我写了一些抑制通胀的文章，对如何保持经济的稳定有了深切的体会。

随着“软着陆”的成功，总需求不足、经济增长乏力的问题突显出来，扩大内需成为宏观调控的主要任务。1998年的《政府工作报告》提出当年经济增长速度要达到8%。但根据投资、消费和净出口的预测数据来看，实现这一目标需要增加投资2050亿元。当时我在国家计委政研室任主任，曾培炎同志新任国家计委主任。我给曾培炎同志上报了一个关于发行长期建设债券的建议，曾培炎同志上报给时任国务院总理朱镕基同志，经国务院各位领导批示同意后，国务院决定增发1000亿元10年期建设债券，在实际执行中按1250亿元掌握，同时银行配套贷款1000亿元，集中用于交通通信、农田水利、城市基础设施和环保、城乡电网改造、经济适用住宅等领域建设。国债连续发行了5年。这项政策有力地扭转了通货紧缩趋势，支持了当期经济增长，并为之后10年经济的高速增长奠定了坚实基础，成功地把亚洲金融危机的挑战变成了发展的机遇。在“十五”计划结束时，国务院在北京历史博物馆举办了一个国债投资支持基础设施建设成就展览，事实证明，国债投资留下了一批优良资产。

在国家计委的13年，是我结合工作实际进行经济研究精力集中、成果最多的时期，也是精力最旺盛的时期。几乎每天都工作到晚上10点钟以后，有时通宵不眠。除完成各种文稿的起草工作之外，还为各类报纸、杂志写一些宣传、阐释党和国家经济政策的文章。这一时期的工作是紧张的、艰苦的，但看到自己的努力在实际经济中产生的效果，确实让人有一种没有虚度人生的自豪感。由于我兼任国家计委新闻发言人，因此常常与媒体打交道。为了使党和国家的政策为广大群众所理解，并获得社会的支持，我经常主动到中央电视台去商请采访播出一些解读重要政策的节目。1998年国家发行长期建设债券，对此有许多同志不理解，担心再次引发通货膨胀。经与中央电视台领导同志协商，我们在《焦点访谈》连续做了三期节目，讲解国债资金的使用方向，特别是建设项目与改善广大老百姓生活的关系，发行国债不会造成偿债困难和通货膨胀，这些宣讲使政府的决策获得全社会的理解和支持。这次发行国债干得最有意义的一件事，是大学扩大招生，国债资金用于大学扩大招生所需要的设施建设，

1999年在国务院新闻发布会上。

以后连续多年每年大学扩大招生70多万人，2017年全国各类高等教育招生人数达735万人，在学总规模达到3779万人，高等教育毛入学率达到45.7%。大学扩招圆了几千万青年的大学梦，为现代化建设提供了雄厚的人才支持。

六 围绕起草中央文件开展研究的时期

2000年我被调回中共中央政策研究室，担任副主任，主要任务是参加每年中央全会文件、中央经济工作会议文件和《政府工作报告》的起草工作，并围绕文件起草开展一些经济理论和经济政策的研究。回顾起来，我作为起草组成员先后参加起草过1993年党的十四届三中全会《中共中央关于建立社会主义市场经济体制若干问题的决定》、2003年党的十六届三中全会《中共中央关于完善社会主义市场经济体制若干问题的决定》、2008年党的十七届三中全会《中共中央关于推进农村改革发展若干重大问题的决定》、2012年党的十八大报告、2013年党的十八届三中全会《中共中央关于全面深化改革若干重大问题的决定》。我还参加过“八五”“九五”“十五”计划以及“十一五”规划的起草工作和一些中央经济工作会议文件、《政府工作报告》、两次中央金融工作会议文件的起草工作。每次起草文件，历时

↑ 2003年在人民网与网友交谈。

半年多，都要到基层调研，阅读大量资料，参加多次讨论，如同上了一次党校，学到了许多实际有用的知识。在起草过程中，针对需要解决的重大理论和政策问题进行研究。会议开过后，对中央文件进行宣传解读，并围绕文件精神的贯彻落实进行调查研究。直到2013年6月退休，我在中央政研室工作了13年，其中大多数时间是在起草文件中度过的，这期间研究思考的问题，主要是经济体制改革和经济发展政策，所写的文章也主要是围绕中央文件提出的重大经济理论和经济政策所做的阐释。

七 在社会智库从事经济研究

2009年我协助曾培炎同志创办了一家社会智库——中国国际经济交流中心，继续从事经济研究，并承担了一些经济研究的组织工作。这一时期，我写了许多经济论文，发表在《人民日报》《经济日报》《光明日报》《求是》等报刊上，也出版了一些分析预测国内外经济走势的论文集和书籍。

近几年，我把注意力集中在研究农村问题上，包括城乡一体化、特色小镇建设、农村土地制度改革等。党的十九大提出了城乡融合发展和乡村振兴战略，这是基于对社会主要矛盾的分析做出的正确战略选择。40年来，我国之所以能创造出经济奇迹，主要在于通过不断改革推动了经济结构的调整，通过结构调整不断释放了经济增长的新动能。到目前为止，大的结构调整已经经历过4次。第一次是20世纪80年代，通过推行土地承包制和允许发展乡镇企业，出现了农业和轻纺工业的大发展，实现了经济起飞；第二次是20世纪90年代，通过建立社会主义市场经济体制和现代企业制度，促进了电子机械、石油化工、汽车制造、建筑业四大支柱产业振兴，支撑了经济腾飞；第三次是21世纪的第一个十年，通过发行长期建设债券，集中用于基础设施建设，使我国的高速公路网、高铁网、信息网规模达到世界第一，国民经济出现长达十年两位数的黄金增长期；第四次是21世纪的第二个十年，围绕转变经济发展方式，调整投资与消费结构、加快发展第三产业、重视科技进步，经济逐步向高质量发展的轨道转变。

当前，我国经济面临着第五次结构大调整，就是抓住城乡发展不平衡、农村发展不充分这个主要矛盾，通过城乡融合发展，实现乡村振兴。这是结构调整剩下的一块硬骨头。攻克这个难关，我们就能把经济中高速增长的势头保持到2030年，就能避免落入中等收入陷阱，顺利实现党的十九大提出的战略目标。

八　主要著述

2017年中国社会科学出版社出版了我的文集，共16卷，560万字。

此前，我出版过经济论文集《论新经济增长点》《论抑制通胀和扩大内需》《论改革是中国的第二次革命》《论21世纪初的中国经济》《郑新立经济文选》（中英文），出版过专著《提高经济效益之路》《经济体制六大改革》

《中国：21世纪的工业化》[①]《新的征程　新的纲领——学习党的十四届五中全会文件》《工业发展政策——比较与借鉴》《美国技术市场与信息咨询市场》《新经济增长带——京九铁路沿线地区经济发展思路》《新常态 新亮点 新机遇》《奇迹是如何创造的——中国经济改革和发展40年轨迹》（中英文），主编过《现代政策研究全书》《发展计划学》《转变经济增长方式研究》《中国支柱产业振兴方略》《宏观经济政策分析（1993—1994）》《宏观经济政策分析（1994—1995）》《转变经济发展方式研究》《中国经济分析与展望（2010—2011）》《国际经济分析与展望（2010—2011）》等。

2014年，我被《经济学家报》评为2013年中国十大著名经济学家之一。

与家人合影。

① 与人合著。

贰

主要学术贡献

在长达38年的经济理论与经济政策研究工作中，我主要提出了以下学术观点和政策建议，并产生了不同程度的影响。

一 提出把最终产品率作为评价宏观经济效益的一个主要指标

改革开放前的30年（1949—1978年），由于片面理解生产资料优先增长理论，我国在经济上“重重轻轻”，即重视重工业，轻视轻工业。重视重工业导致“重工业自我循环”。每年围绕钢铁产量搞煤、电、油、运平衡，生产出来的产品大量沉淀在中间生产环节，进不到老百姓的日常生活中去，造成日用消费品严重匮乏，产品结构极度不合理，宏观效益低下，广大居民不能从经济发展中得到实惠。当时中国的机床加工能力是全世界最强的，机床加工能力超过了钢铁生产能力。我在大学学了钢铁专业，毕业后又在钢铁企业工作，前后共15年的时间，对钢铁工业存在的问题比较熟悉。在总结改革开放之前的30年经济发展经验教训时，我开始反思，为什么生产了那么多机床、那么多钢铁，却与居民的生活无关？关键在于这些产品不是最终产品，它与居民的消费脱节了。提出“大炼钢铁”和“工业以钢为纲”，过分突出一个重工业部门，搞乱了工业内部的比例关系。基于理性层面的思考，从现实问题上升到理论层次，最终我的硕士论文以《论最终产品和最终产品率》为题目，主要分析改革开放前的30年片面强调生产资料必须优先增长，过度重视发展重工业，忽视发展轻工业，造成消费品短缺、商品匮乏。由于重工业的发展脱离了消费品的支持，最终制约了重工业的发展。结果欲速则不达。20世纪70年代，冶金部曾连续三年提出钢产量达到2600万吨的指标，即“三打两千六”，结果都失败了。到20世纪90年代，钢的年产量连续几年每年的增量达到3000万吨。当然，20世纪90年代与70年代的经济环境不同了，民营经济在冶金工业发展中发挥了重要作用。但不可否认的是，20世纪80年代消费品工业和农业的大发展，解决了人民的温饱和商品短缺问题，才会出现90年代重工业的腾飞。在论文中，我提出把最终产品率作为评价宏观经济效益的一个主要指标，提出最终产品就是最终消费品，最终产品率即最终供居民消费的产品在整个社会产品中的比例，应当从增加最终产品即最终消费品出发制订计划，提高最终产品率，使广大居民能够从经济发展中得到更多实际利益。我提出了按生产结构将社会产品划分为初级产品、中间产品和最终产品的科学分类方法，为从最终产品出发制订计划提供了科学依据。我提出最终产品率的概念，为正确调整社会生产结构，减少中间产品积压，提高宏观经济效益提供了科学的评价指标。我在论文中还提出并论证了应当用最终产品法制订计划，创造性地设计了一种半动态投入产出模型，使最终产品法制订计划具有了可定量的操作性。这些基本观点对20世纪80年代制定重视农业和优先发展轻纺工业的政策，结束短缺经济时代，具有重要意义。同时，这些观点也推动了我国经济学理论的丰富和发展，为我国改革的实践提供了有力的理论支撑。在改进国家统计指标的过程中，开始把最终消费支出作为重要指标，与资本形成总额、货物和服务净出口并列为支出法国内生产总值的三个组成部分，分年度进行计算和公布。根据最终消费支出占国内生产总值比重的变化，可以对国内生产总值使用比例是否合理、宏观经济效益的好坏进行评价。

从改革开放40年来最终消费支出与资本形成总额比例的变化趋势来看，最终消费支出经历了三起两落的过程。20世纪80年代初期集中进行降低投资率、提高最终消费率的调整，1980—1991年最终消费率平均保持在62%左右的水平，1983年最高达到了66.8%。这一时期广大居民从经济增长中得到了较多实惠，生活的改善，调动了广大劳动者的积极性，赢得了人民对改革的支持。之后，随着重化工业良性的再次加快发展，即振兴四大支柱产业，出现了投资率上升、最终消费率下降到50%以下的情况。但到20世纪90年代末和21世纪初，随着鼓励轿车进入家庭和住房私有化改革，最终消费率又回升到60%以上。美国引发全球金融危机之后，为了弥补出口增速下降带来的影响，国家采取鼓励增加投资的措施，最终消费率出现第二次下降。2008—2011年，最终消费率下降到50%以下，2010年下降到48.5%，达到历史最低点，距离最高水平的66.8%下降了18.3个百分点。同年投资率则上升到47.9%，达到历史高位。党的十七大和十八大都提出要转变经济发展方式，其首要内容就是从经济增长过度依靠投资、出口拉动向依靠消费、投资、出口协调拉动转变，着重扩大消费对经济增长的拉动作用。经过连续几年坚持不懈的努力，近几年已经出现了消费率不断上升的可喜变化，消费对经济增长的贡献率上升到70%以上，成为拉动经济增长的第一动力。但是调整的任务并没有完成，提高最终消费率还有空间，特别是扩大居民消费仍是一个重要任务。

这40年最终消费率调整变化的历史说明，投资与消费的关系是国民经济最基本的比例关系。处理好这个关系，才能保持国民经济的持续健康发展，人民才能更多地从经济发展中受益。中美两国相比，正好是两个极端。美国储蓄率多年为负，靠借债消费。我国的储蓄率偏高，消费率偏低。随着我国经济规模的扩大，从2017年的数据看，消费率提高一个百分点，就意味着有8000亿元的商品由用于投资或出口转变为用于消费。让人民的消费水平随着经济增长不断提高，是落实以人民为中心的发展理念的根本举措。

二 关于合理投资规模的界限

在计划经济体制下，由于缺乏投资的约束机制，加上急于求成的指导思想，投资规模膨胀引发通货膨胀导致经济周期性大起大落，成为国民经济中长期困扰的问题。在经济偏热时，各方面都增加投资，银行放松银根，财政扩大支出，导致总需求膨胀，进而出现通货膨胀。为了抑制通胀，国家不得不收紧银根、收紧财政，勒令许多在建项目停工，正待开工的项目必须下马。如此一来，通货膨胀被压下去了，经济增长速度也掉下来了。于是又不得不扩大投资，新一轮投资热又在酝酿。这样循环往复，给经济带来了巨大损失，挫伤了广大干部群众的积极性。对于如何把投资率或积累率控制在合理的范围之内，经济主管部门和经济学界进行了大量的研究和探讨。我在1983年写了《基本建设规模的制约因素》一文，在吸收同类研究成果的基础上，提出合理投资规模最低限度（或称下限）和最高限度（或称上限）的设想。最低限度即社会扩大再生产的规模应至少能保证新增劳动力的技术装备水平不低于现有社会劳动力的平均水平，而且能逐步有所提高。最高限度即社会扩大再生产的规模应能使包括新增人口在内的居民平均消费水平不低于上一年，而且还要有所提高。根据这两个标准，我进行了实际测算，为选择最优的投资规模提供了计算依据。我提出合理确定基本建设投资规模的上限和下限并逐年加以计算，其实际意义在于：找出基本建设投资规模的两条客观警戒线，越过了它，就会给国民经济造成危害；在划定的范围之内寻找最优的投资规模，可以大大减少盲目性，从而避免在主观意志决定下使投资规模大上大下，以保证人民生活和经济建设的稳步提高和健康发展。该文提出的确定合理的投资总规模的数量界限，对医治投资饥渴症，实现投资总规模调控科学化，具有开创意义。

三　在改善宏观调控中确立新的计划职能

1993—1998年，经济运行中要解决的主要矛盾是抑制通胀。当时中国正处于从传统计划经济体制向社会主义市场经济体制转轨的过程中，对于市场经济还要不要计划、如何转变计划职能，我在1994年前后写的《改革计划体制转变计划职能》等文章中，提出了市场经济需要计划管理，但是这种管理与计划经济时代的管理应有所不同。计划工作要突出宏观性、战略性、政策性。主要任务是：合理确定国民经济和社会发展的战略、宏观调控目标和产业政策，搞好经济预测，规划重大经济结构、生产力布局、国土整治，引导和集中必要的财力、物力进行重点建设。计划的实施，主要运用经济政策和经济杠杆调节市场参数，通过利益关系的调整引导市场主体行为。

国家计划是一定时期国家的经济纲领。经全国人大会议审议批准的国家计划，确定国家在一定时期内经济和社会发展的主要目标、任务和重大方针政策，是国务院有关部门和地方政府制定具体任务、政策、措施的重要依据。各个方面都应该相互配合、通力协作，保证国家计划目标的实现。国家计划应确定科学合理的目标体系，并根据各个时期国民经济发展和宏观调控的需要，适当调整指标设置。经济政策是指导性计划的重要组成部分。改变过去国家计划主要依靠指标管理和行政手段的做法，主要提出和运用与计划目标、任务相适应的经济政策。经济政策主要包括以调节总需求为重点的经济总量平衡政策，以产业政策为核心的经济结构调整政策，效率优先、公平兼顾的收入分配政策，促进经济、科技、社会协调发展的政策，以谋取国际比较利益为目标的对外经济技术政策以及需要综合配套实施的财政政策、货币政策、投资政策、物价政策和国际收支政策等。税率、利率、汇率、物价等经济杠杆是经济政策的量化和操作手段。要使制订和实施计划的过程成为协调经济政策和综合运用经济调节杠杆的过程。

建立新型的指导性计划制度必须改革和完善现行的计划体系，主要是强化中长期计划，重视专项规划，改革年度计划，使计划的形式与经济发展和宏观管理的要求相适应。中长期计划着重提出国民经济和社会发展的战略目标、战略方针和战略重点，协调中长期发展过程中总量增长和结构调整的关系，解决产业结构和地区结构的矛盾。专项规划是为了解决经济和社会发展中某些薄弱环节、突出矛盾和重点任务而制定的规划。中长期计划和专项规划是制订年度计划的重要依据。年度计划主要是预测性、政策性计划，要根据国内外市场需求的变化和经济发展的新情况，提出宏观调控的目标、任务和经济发展的重点与政策措施。

计划工作的重点应放在研究制订中长期计划上。中长期计划应按照经济发展规律的要求，增强动态性、开放性和灵活性。中长期计划必须突出重点，集中解决关系经济发展全局的关键问题，不必面面俱到。要综合考虑国内国际两种资源、两个市场，重视国际经济的传递效应，在国内外市场对接中实现资源的最佳配置。长期计划是战略性的远期预测计划，主要是提出国民经济和社会发展的远景设想，包括发展的战略目标、战略重点、战略步骤、经济发展速度和重大比例关系、教育和科学技术发展方向、生产力布局、重大经济技术政策等。中期计划是长期计划的实施性计划，主要任务是对计划期经济、科技和社会发展的目标以及实现目标的客观条件进行测算，并提出重大资源平衡的政策措施。具体内容包括：经济、社会发展的总目标和若干重要领域的发展目标，国民收入的分配，财政收支，信贷收支，外汇收支，物价指标，就业率，人民生活，重大科技攻关和科技成果的推广应用，产业结构的调整和升级，地区生产力布局和区域经济发展，国土开发和整治，重大建设和技术改造项目等。

专项规划是为解决经济和社会发展中的薄弱环节和关键问题而制定的规划。它可以是某些产业的规划、某些区域的发展规划，也可以是解决经济、科技、社会发展中的某一重大课题的规划，具有较强的针对性和灵活性。专项规划的实现，对于改变经济和社会某些方面的面貌，带动整个国民经济的发展，具有重要作用。制定专项规划必须有明确的任务、目标和相应的政策措施、组织体系。近期应抓紧制定交通运输产业振兴规划，能源工业发展规划，机械、电子、石油化工、汽车制造工业和建筑业振兴规划，高技术产业发展规划，若干区域经济发展规划，扶贫开发规划，农村劳动力转移规划，社会发展规划，国土整治规划等。

进一步改革年度计划。年度计划的主要任务是根据中长期计划和专项规划的要求，搞好短期社会总供求的大体平衡，保证经济的健康运行，改革年度计划应从以下几个方面入手：①根据改革开放和经济建设需要，继续减少计划指标和计划本本，强化经济预测、信息传递，重视综合计划报告、专项计划报告的作用。②针对经济运行中出现的矛盾，提出综合运用经济杠杆进行调控的建议，包括调节着力点、调节方式、调节力度的选择等，促使经济杠杆和经济政策协调运作。③对供求弹性大、容易出现较大波动的少数重要产品进行市场供求的监测和预测，发布信息，引导企业经营决策。④对居民基本生活必需品和少数重要产品中仍需实行直接管理的部分，应制订国家订货、储备、投放和进出口计划，及时吞吐，调节供求。⑤改进年度计划指标体系，根据进一步发挥市场作用和改善宏观调控的需要，进一步减少乃至在两三年内最终取消那些直接下达给企业的计划任务指标，对需要保留的反映经济、科技、社会发展状况的指标加以改造，同时增加少量必需的宏观经济总量指标。

国家产业政策是指导性计划制度的重要内容和体现形式。许多国家经济起飞的经验证明，制定和实施产业政策，对于扶持和加快重点产业的发展、协调产业结构、优化资源配置有着重要作用。在我们这样的发展中国家，根据经济成长不同阶段的特点，制定和实施产业政策，对加快现代化建设尤为重要。产业政策的任务是，通过引导产业间、企业间和地区间的生产要素合理流动，实现产业结构的优化和升级，提高宏观经济效益，增强产业的国际竞争力。产业政策主要包括产业结构政策、产业组织政策、产业技术政策和产业布局政策。制定产业政策应该着眼于加强国民经济的薄弱环节，振兴支柱产业。产业结构政策是产业政策的主体，制定产业结构政策要研究产业结构变动趋势，明确重点专项产业发展目标，提出促进产业结构优化和升级的重大措施。通过制定和实施产业组织政策，推动企业组织结构的调整和企业集团的健康发展，实现规模经济和专业化、社会化的发展。通过制定产业技术政策，组织开发和推广适用的、经济合理的先进技术，限制和淘汰落后技术，加快产业技术现代化的步伐。重视制定产业布局政策，形成各具特色、协调发展、优势互补的区域经济结构。协调和完善产业政策的实施保障政策。产业政策必须以有力的财政、金融政策为支撑，要用法律手段保证产业政策的实施。在计划的制订和实施中，应当主动搞好产业政策与财政、金融政策的协调，力求使建设性预算支出能够支持产业政策目标的实现。银行政策性信贷应体现产业政策规定的优先顺序，税收政策应按产业政策有所倾斜和体现差别，国有资产存量分布结构应按照产业政策进行调整。在建立现代企业制度、进行股份制试点和发展资金、外汇市场的过程中，应当考虑促进国家产业政策目标的实现，优先批准国家急需发展的行业和符合经济规模要求、技术先进的企业向国内外市场融资。随着经济的发展，选择性产业政策应逐步向功能性产业政策转变，即不是选择几个薄弱或重点产业予以扶持，而是根据节能减排、节水减耗、技术进步、提高劳动生产率等需要，凡是能够达到这些要求的企业，不分行业，不论是国有企业、民营企业，还是外资企业，都给予优惠政策支持，以促进全社会经济效率的提高和生态环境的改善。

培育和健全市场体系，是新体制建立过程中计划工作的重要职能。应当研究现阶段我国市场发育的特点，抓紧制定全国和各地市场发育和建设的规划。重点是培育和发展金融、技术、劳动力、信息等生产要素市场和房地产市场，在物资集散地抓紧建立一批农产品和工业生产资料批发市场。逐步建立种类完备、布局合理、多层次、多功能的市场组织，形成统一、开放、竞争、有序的市场体系。

加快市场中介组织的建设。抓紧建立和规范会计师事务所、审计师事务所、律师事务所、行业协会、商会、质量检验、信息咨询、资产资信评估、公证和招标投标机构，充分发挥中介组织在提供服务、沟通政府和企业联系中的作用。中介组织必须依法经过资格认定，建立自律性组织和制度，承担有关经济和法律责任，并接受政府有关部门的管理和监督。

继续推进价格改革，建立主要由市场形成价格的机制。深化价格改革的主要任务，是在保持价格总水平相对稳定的前提下，放开竞争性商品和服务价格，理顺少数政府定价的商品和服务的价格；加速生产要素价格市场化进程，对关系国计民生的少数重要商品价格和劳务收费实行市场价格以后，建立健全产品出厂价格调整的申报和监督制度、市场商品明码标价制度和农产品保护价制度；建立和完善某些重要商品的储备制度和价格风险基金，平抑市场价格。加强市场法规建设，保障市场有序运行。加快有关规范市场主体行为、市场运行秩序等方面法律的制定，维护市场公正交易，实现各类交易活动和市场的公开化、规范化。应加快《中华人民共和国价格法》《中华人民共和国反垄断法》等有关法规的完善，加快反暴利法、明码标价法等有关法规的制定。

建立新的计划工作依托体系。进一步简化生产、流通、分配、消费、建设以及科技、教育和各项社会事业发展的计划指标和指标体系。研究建立适应市场经济的预测性指标和评价性指标，建立反映宏观经济运行状况的监测、预警、评估指标体系。改变传统的国民收入核算制度，推行新的国民经济核算体系。建立国民经济信息收集、分析、发布制度，充分发挥信息在计划工作中的作用。为此，应尽快建立和完善灵敏、高效的国民经济信息系统，加快国务院各部门以及地方、中心城市信息网络的建设。重点是健全全社会固定资产投资信息系统、借用国外贷款项目管理信息系统、市场供求和价格信息系统以及国际收支信息系统，逐步建立并完善按年、半年、季、月发布经济信息的制度。改变计划工作中长期沿用的基数法、水平法，积极采用投入产出、经济模型、专家咨询等现代技术手段和方法。加强对当前和长远经济发展的预测、监测和预警，搞好对国民经济的系统分析，定期提出经济运行报告和经济政策建议。

实行开门制订计划，提高计划制订的透明度和社会参与度，使计划的制订过程成为政府和社会各方面达成共识、协调行动的过程。为此，各级计划部门都应当建立计划和政策的评议制度，建立由企业、社会团体和著名专家、学者组成的评议委员会。各类计划和重要政策的制定都要经过评议委员会的评议，并广泛征求各界人士的意见。

建立计划工作的纵向、横向协调制度。全国的国民经济和社会发展年度计划、中长期计划、专项规划和产业政策，是制订地区计划的依据。各地区应在国家计划、规划、政策、法规的指导下，结合本地区的实际，制订自己的年度计划、中长期计划和专项规划。国家计委应当加强对省级计委的业务指导和联系，在计划的制订、实施、调整、评估等环节中，建立中央和省区市密切配合的制度。建立计划、财税、金融的新型联系协调制度。计划、财税、金融分别建立相互参与的政策协调委员会，在重大政策问题上达成共识；同时，建立三个部门之间由下而上、分层次（司、部级）的经常性协调制度，沟通情况，协同动作。

加快计划工作立法进程。20世纪90年代中后期应抓紧研究制定国民经济和社会发展计划法、固定资产投资法、经济信息法，机械、电子、石油化工、汽车、建筑等支柱产业振兴条例。同时应根据市场经济发展对计划工作提出的要求，及时研究制定其他有关法律和法规。逐步学会并善于运用法律手段改进计划工作和宏观管理。加强计划工作队伍建设，建立新的计划工作依托体系。加强计划公务员队伍建设，采取有效措施，更新知识，提高素质，掌握市场经济下做好计划工作的知识和本领。

传统计划体制下那种单一的行政组织系统，已不适应市场经济条件下宏观调控和计划工作的要求，必须进行重大改革。新的计划工作依托体系主要应由以下五个方面组成：①行政组织系统。行使计划管理职能，改进工作和联系方式。②中心城市和大型企业系统。加强中央计划部门与主要中心城市、大型企业的联系，及时沟通情况，传递和反馈经济信息。③政府与市场的中介组织系统。充分发挥“半官半民”的中介组织，如国有资产控股公司，国家投资公司，证券委员会，咨询公司，国家订货、储备和投放机构等的作用。④研究系统。各级计划部门都要与一批研究机构建立比较稳定的联系，使其为计划工作提供智力支持。⑤民间组织系统。各类计划部门与民间组织，如消费者团体、中小企业团体等建立一定的联系，通过它们及时传导和反馈信息。

四　建立与市场经济相适应的投资体制

1995年我在《建立适应市场经济要求的投资体制》一文中提出，通过市场竞争和产业政策引导形成投资激励机制，发挥市场在配置资源方面的基础性作用，从根本上说，就是要建立起资本和其他生产要素能够在不同行业之间和同一行业内的各个企业之间，按照价值规律和供求规律自由流动的机制。在不同行业之间，通过价值规律的作用，使资本流向那些资本利润率高于社会平均资本利润率的部门，从而实现按照社会需求的比例在各部门之间分配社会劳动，达到各个产业的平衡发展；在同一部门内，通过价值规律的作用，使资本流向那些效益好、技术和管理先进的企业，从而使先进企业充分发展，落后企业得以淘汰。

在下放投资决策权之后，新的间接调控体系没有相应建立起来。投资信息不灵，国家对投资总规模和投资结构难以进行有效的调控。1993年国家计划全社会固定资产投资总规模8000亿元，执行结果为11829亿元，超过计划的47.9%。投资规模的过快增长，引起了投资品价格的膨胀，并对全社会商品价格的上涨造成了很大的压力。投资规模如不能得到有效控制，将有可能引起新的通货膨胀。当时中央能够直接安排的投资额仅占全社会固定资产投资总额的10%，因此依靠中央直接掌握的投资来调控投资总规模和投资结构已力不从心。

针对投资领域存在的问题，按照中共十四届三中全会

《中共中央关于建立社会主义市场经济体制若干问题的决定》（以下简称《决定》）的要求，投资体制改革的任务和重点应当是：建立能够对资源配置起基础性作用的市场竞争机制；建立法人投资和银行信贷的风险责任；建立能够有效融通资金、保证国家重点建设的政策性投融资体系；建立能够保持合理的投资规模和投资结构的宏观调控体系。

1. 建立投资激励机制

投资激励机制是保证投资者收益和以行业平均资金利润率引导投资方向的机制。在市场经济条件下，生产要素总是向价格较高的行业和企业流动，以实现资源的配置。由于受价值规律和供求规律的影响，生产要素价格较高的地方一般有两种情况：一种情况是国民经济的短线部门，由于产品供不应求，其产品能以高于其生产价格的市场价格出售。因此，这个部门的资金利润率就高于社会平均资金利润率。在具备完善的资本市场的条件下，社会资本就会源源不断地流向这个部门，从而使短线部门迅速得到发展。另一种情况是，在同一行业中，由于各个企业的技术和管理水平不同，因而生产成本高低不一。其中生产成本低的企业就能以较高的价格优先得到有限资源，从而得到充分发展，提高本企业的市场占有率。那些生产成本高的企业也就同时被淘汰。市场在优化资源配置方面的这种强大力量，来自生产要素对获得最大利润的驱动，是单靠行政力量和说服政策以及其他任何力量无法抗拒的。建立社会主义市场经济体制，发挥市场在配置资源方面的基础性作用，从根本上说，就是要建立起资本和其他生产要素能够在不同行业之间和同一行业内的各个企业之间，按照价值规律和供求规律自由流动的机制。我国国民经济中长期形成的短线和长线行业，究其根源是价格问题。旧体制下的价格管理制度，把基础产业和基础设施的产品和服务价格定得过低，以致交通、通信和能源行业的投资不能收回，简单再生产难以维持，扩大再生产的投资严重不足，因而这些行业得不到应有的发展。相反，加工工业产品的价格定得偏高，造成能力过剩和严重的重复建设。因此，要改变投资结构不合理的局面，必须加快价格体制改革。近年来，经过不断进行价格调整，基础设施和基础产业的产品和服务价格已经有所提高，但是价格偏低的局面还没有从根本上得到改变。应当在经济和社会承受能力允许的范围内，加大价格调整的步伐，尽快建立由市场决定价格的机制。在原有设施和产品的价格没有理顺之前，应当允许新建的生产能力和产品实行市场价格，以大量吸引社会资金投入短线部门。20世纪80年代，广东珠江三角洲河网地区奇迹般地建起了1000多座桥，一举解决了过桥轮渡问题，靠的是"以桥养桥"的政策，即以社会集资建桥，并从过桥收费中偿债付息，建立可以循环使用的基金。后来，他们把这种机制运用到铁路、公路、港口、机场等行业建设上来。这种政策改变了某些行业因价格偏低而长期投资不足的局面，使资金源源不断地流向短线行业。实践证明，这是加快产业结构调整的根本出路。

在注重发挥市场作用的同时，还要发挥国家计划和产业政策对资源配置的引导作用。要通过制定和实施产业政策，对一定时期内国家重点发展的产业，明确规定其经济规模、产品质量标准、技术工艺和布局政策，规定相应的财税、信贷、进出口优惠政策。凡是按照国家产业政策投资的企业，包括外商在内，都应当享受国家的优惠政策。到20世纪90年代末，国家有关部门已经制定了交通运输业、电子工业、汽车工业等行业的振兴规划，并准备在此基础上制定有关基础设施、基础产业和支柱产业振兴条例，运用经济政策、经济法规支持重点产业的发展，弥补市场配置资源的不足，更好地贯彻国家计划确定的发展战略，实现计划发展目标。

国家还要扶持一批贸易、科研、生产一体化的大型企业集团，以大批量、高技术、低成本的产品不断扩大市场占有率，通过优胜劣汰的市场竞争，解决长期以来低水平重复建设问题，同时在国内市场同国际市场对接的情况下，能够保住国内市场，并逐步进入国际市场。我国的轿车、电子产品等，相当大的一部分市场已被外国产品和合资企业的产品占领。中国的轿车市场和电子产品市场应当由中国的企业占领，而如果没有大型企业集团进行技术开发和生产低成本的产品，要想同外国企业进行竞争是不可能的。国内市场尚且不能占领，更不可能占领国际市场。

无论是发挥市场的作用，还是实施国家的产业政策，都需要完善的市场体系。应按照中共十四届三中全会《决定》的要求，加快建立统一、开放、竞争、有序的市场体系，形成包括资本、技术、劳动力等生产要素在内的市场。要打破地区、部门对市场的分割封锁，为生产要素的自由流通创造条件。当前正在进行的分税制改革，将有效地打破地方利益对市场的分割，使企业摆脱政府的束缚，实现政企分开，这是建立全国统一大市场的重要步骤。

2. 建立投资风险约束机制

按照建立现代企业制度的要求，实行项目法人责任制，是打破投资上的“大锅饭”、强化国有单位投资风险约束机制的根本措施。项目法人责任制的核心是把投资者的所有权同项目法人的财产权分开，投资者仅以其出资额对项目投资经营承担有限责任，经理由投资者组成的股东大会或董事会聘任，项目经营者承担职业风险。

（1）工业项目应逐步做到依托现有企业进行建设。改、扩建项目，企业是项目法人；合资建设的项目，成立董事会，董事会是项目法人。项目法人对建设项目的筹划、筹资、建设实施直至生产经营、归还贷款和债券本息以及资产的保值实行全过程负责，承担投资风险。新建项目应尽可能依托现有企业进行。不能依托现有企业的，项目建议书可由政府部门提出，但经批准后需要迅速确定项目法人。国家投资建设的项目还可以采取招标的方式确定建设项目承担者。建设项目经批准立项后，有关资金筹措、招标定标、建设实施、生产经营、人事任免等，由项目法人按照国家有关规定的权限自主决定。项目建设与生产所需的外部条件由项目法人与有关企业签订合同。外部条件需要国家统筹安排的，应按规定报批。因决策失误或管理不善造成项目法人无偿还债务能力的，应依法破产，银行有权依法取得抵押财产，或由担保人负责偿还债务。合资建设的项目应积极推行法人持股的股份制形式。凡不同投资方合资建设的新建、扩建项目，都应创造条件，组建规范的有限责任公司或股份有限公司，各投资方按入股比例分利润。

（2）在强化投资者风险责任的同时，还要建立银行贷款的风险机制。依托现有企业进行建设的项目，凡是需要向银行申请贷款的，应具有企业资产和资产状况的审计报告。银行必须严格审核企业的资信度，评估企业的还贷能力。企业使用银行贷款，必须用现有资产作为抵押。同一资产只许在一家银行抵押一次。如企业没有足够的自有资产做抵押，必须委托有足够偿债能力的法人做担保人。政府及有关部门不能担保。当借款企业无力按期偿还贷款时，担保人承担偿还责任。实行建设项目资本金制度，根据项目总投资的一定比例（不同行业不同比例）予以注册登记。注册资金必须使用企业自有资金，不能使用借入资金。为保证建设项目开工后的续建资金，应有相应的金融机构对后续投资的贷款、筹资做出担保。银行建立严格的资产负债和资产风险比例管理制度，逐步将资本充足率即资本与总资产的比率提高到《巴塞尔协议》规定的水平，并规定可用于投资贷款或担保的数额占其总资本的比例。规范企业的融资行为。企业投资资金来源统一规定为企业自有资金和企业对外筹措资金两部分。企业自有资金是指企业所有、自行支配使用于固定资产投资，无须偿还的资金。企业对外筹措资金是指以企业名义从境内金融机构和资金市场借入、需要偿还的用于固定资产投资的资金，主要包括商业银行贷款和经批准发行的企业债券。

（3）建立科学和严格的投资决策责任制。各类投资项目都必须严格执行固定资产投资的科学论证和决策程序，努力减少决策失误。所有投资项目都应经过有资格的咨询公司评估，听取专家和工程技术人员的意见。国家投资的项目一般由政府有关部门按管理权限批准立项，政策性银行根据自己对项目的评估决定是否提供资金。项目法人拥有项目的决策权。建设项目涉及规划布局、土地占用、环境保护、安全、卫生等方面的问题，由政府有关部门依法审核。

3. 对竞争性、基础性和公益性项目投资实行不同的管理方式

按照全社会固定资产投资的使用方向和不同投资主体的主要活动范围，将投资大体划分为竞争性项目投资、基础性项目投资、公益性项目投资三大领域，参照国外经验，分别实行不同的管理方法。

（1）强化竞争性项目投融资的市场调节。这类投资主要指投资收益比较高、市场调节比较灵敏、具有竞争能力的项目投资。应尽快把这部分项目的投融资推向市场，由企业通过市场筹资、建设和经营。政府投资应主要用于基础性项目和公益性项目建设，扶持支柱产业的发展，逐步从竞争性项目中退出。对现有中央政府或地方政府已经参与投资的这类项目，应创造条件向企业转让股份，收回投资；已经批准尚未开工的项目，原定由政府承担的建设资金，也应尽可能改由企业按新的投融资方式筹措和落实。今后政府对这部分项目的投资主要是加强信息引导和政策指导。建立和完善竞

争性项目投融资的市场机制。完善生产要素市场，鼓励各种跨行业、跨地区、跨所有制的联合投资，使生产要素向投资效益高的地方集中。同时实行开放式的资源配置，努力实现国内市场与国际市场的对接，利用好两种资源、两个市场。有些国内紧缺的资源，可以到国外投资，包括开发矿山、开采石油、采伐木材等。鼓励外商参与竞争性项目的投资。

（2）拓宽基础性项目投融资渠道。这部分投资主要包括具有自然垄断性、建设周期长或投资量大而收益较低的基础设施，以及需要政府进行重点扶植的基础工业的投资。按投资领域基础性项目分为两个部分：一是在一定时期内具备市场竞争条件的项目，在政府加以引导的前提下，有的项目投资完全放给市场，有的项目政府只给予少量的投融资支持。二是完全不具备市场条件的项目，则主要由政府投融资，采取多种形式投资。目前，政府还要扶植少数直接增强国力的支柱产业和其他行业的重大项目投资。今后在一定时期内，基础性项目投融资属于政策性投融资，应由政府集中必要的财力物力，以经济实体进行投资为主，并广泛吸收地方、企业投资共同承担；有的也可以由大型骨干企业为主进行投资；还可以吸引外商直接投资。为了集中资金加强基础性项目投资：一是拓宽基础性项目投融资渠道，提高其在全社会固定资产投资中的比重。可以考虑将一些运输（铁路、收费公路、港口、民航机场）、通信（市内电话）、能源（电站、煤矿）等基础性项目实行股份制，组成规范的有限责任公司，符合条件的组成股份有限公司。同时加快一部分国有资产存量的流动，通过企业租赁和产权转让，收回资金，扩大基础性项目投资。二是在财税改革、事权划分的基础上，加重地方政府承担基础性项目投资的能力和责任。今后除了事关国计民生、跨地区的重大基础设施、重大基础工业和重大水利工程项目由中央政府投资主体作为主承担外，地方性的交通、邮电通信、能源工业、农林水利设施和城市公用设施，应按照“谁受益、谁投资”的原则，由所在地政府投资主体承担。对于经济较不发达省区，中央政府可以按项目定量定期给予必要的补贴投资。三是充分发挥省级地方投资公司在基础性项目投融资中的主体作用。应进一步明确省级地方投资公司是地方投资的主体，也是重要的融资主体，兼有政府投资控股（参股）公司和非银行金融机构的双重职能。拓宽省级地方投资公司的融资渠道和经营范围，以筹措更多的建设资金。同时应促进地方投资公司向投资集团公司过渡，改变目前地方政府投资使用分散的局面。

（3）完善公益性项目投融资制度。这类投资主要包括教育、文化、卫生、体育、环保事业的投资，公、检、法、司等政权机关的建设，以及政府机关、社会团体办公设施、国防设施的投资。将公益性项目分为两个部分：一是具有一定营利性的项目，如营利性的影剧院、俱乐部、体育馆等，要实行项目法人责任制；二是完全不具营利性的项目，基本以拨款方式建设。公益性项目投资主要由政府运用财政性资金，以拨款方式投资。除了特别重要的项目和中央负责的项目由中央政府承担投资外，绝大部分项目应按受益范围由所在地方政府承担投资。在政府不搞硬性摊派的前提下，鼓励个人捐赠、社会集资以及企业、个人投资兴办。公益性项目的投资应根据各级政府财政状况量力而行，并建立标准化、规范化的投资管理制度。财政拨款投资继续由计划部门安排和管理。拨款投资使用单位必须加强管理，明确责任；资金使用情况和建设进度必须及时向政府有关部门报告，审计部门定期检查资金使用情况；应当进一步探讨建立政府投资的监督制约机制。政府有关部门应当就运用财政资金进行投资的计划及执行情况定期向地方各级人民代表大会报告。人民代表有权对政府投资的运用情况进行调查和监督。

上述三大领域的投融资范围，是根据目前情况划分的。随着经济的发展、价格的理顺、市场体系的形成，其各自的投资范围会发生变化。鉴于当前我国经济发展和改革开放程度在各地区之间极不平衡，对于竞争性项目和基础性项目的投融资范围在少数地区应当略有不同。

4. 改进对投资总规模的调控

合理控制固定资产投资总规模，是保持经济总量平衡，实现经济持续、快速、健康发展的关键。历史上几次经济的大起大落都同投资规模失控有关。为了有效地把投资规模控制在国力允许的范围内，根治投资“饥饿症”，除了依靠强化投资风险约束外，还要建立完善的投资调控体系，运用经济、法律手段和必要的行政手段调节投资规模。

（1）资金调控。对投资总量的调控要从建设资金源头入手，通过对资金供应量的调节，使投资总规模保持在合理的范围之内。国家合理确定和严格控制银行投资贷款、国外贷款、债券和股票发行的总规模，由国家计委会同人民银行等有关部门继续实行指令性计划管理。对各种集资要规范化、法制化。严禁用拆借资金发放固定资产投资贷款、搞固定资产投资、购买有价证券以及向企业和房地产开发投资参股。非银行金融机构的对外贷款统一纳入国家信贷规模管理。中央银行对各专业银行、商业银行和非银行金融机构要加强监督。

（2）规模调控。国家继续编制中长期和年度固定资产投资总量指标。对预算内投资、政策性贷款投资、证券投资、利用国外贷款的总量，仍实行计划管理，严格控制；国有单位的其他投资均作为指导性计划。对集体投资实行预测性计划。各省、自治区、直辖市根据国家产业政策，通过环保政策和土地使用管理等对集体投资进行间接调控。对个体投资通过信息和产业政策加以引导，加强环保和土地使用管理。国家对个体投资实行预测性计划，全国只列总数，不再分解下达。

（3）总量监测。根据各地区经济发展不平衡的情况，国家着手建立起一套衡量地区适度投资规模的综合指标体系，初步考虑用投资率（年度投资规模／国民生产总值）、综合建设周期（在建项目总投资规模／年度投资规模）和投资规模扩大率（新开工项目总投资规模／投产项目总投资规模）三项指标，对各地区投资活动进行监测。随着市场体系的完善和投资约束机制的建立，国家对投资总规模的调控将逐步转变为运用利率、税率、折旧和财政补贴等经济杠杆来进行。行政手段的运用将逐步减少。为了改进对投资总量的调控，政府必须及时准确地掌握投资信息。为此，需要尽快建立固定资产投资项目登记备案制度，相应建立投资项目信息系统。应通过立法把这一整套的操作程序固定下来。所有投资项目都应依法向所在地投资主管部门办理申报登记，形成一个全国统一的投资项目信息系统。国家宏观经济管理部门应进一步加强投资信息的收集和分析，定期发布有关重要产品已经形成和正在建设的生产能力，以及国内外市场供求变化趋势等信息，以引导企业投资决策。

（4）把投资活动尽快纳入法制化的轨道。目前投资活动有法不依、无法可依是造成投资领域诸多问题的重要根源之一，应尽快制定固定资产投资法。可先制定投资领域中最急需的基本法律原则，随着社会主义市场经济的发展，再不断加以补充和完善。

5. 加快培育为投资主体服务的市场体系

为了建立平等竞争的投资市场，应当全面推行招标投标制，完善为投资主体服务的市场体系，扩大投资建设领域市场调节的范围。今后新上的建设项目，从建设地点、设计方案到施工和监理单位的确定，原则上必须通过招投标择优确定，各地区、各部门不得干扰和进行保护。建立为投资主体服务的市场体系：①咨询服务体系。根据我国的实际情况，要建立三大类的咨询机构。第一类是以为宏观决策服务为主的咨询机构，第二类是以为建设项目编制项目建议书、可行性研究报告等设计文件服务为主的咨询机构，第三类是以为建设项目实施阶段服务为主的咨询机构。各类咨询企业应当面向市场、平等竞争、独立评估，并逐步走向国际市场。为了迅速提高我国咨询企业的水平，应允许国外咨询企业参与国内建设项目的投标和竞争。②设计服务体系。随着新的投融资体系的建立，设计单位必须面向市场，由项目法人通过公开招投标择优选择设计单位，从而打破行政干预和行业垄断，使设计单位走向市场。③社会审计组织。在继续加强项目的国家审计的同时，加快发展社会审计组织。社会审计组织即审计事务所，主要是接受法人委托对工程预算、决算进行审计验证和对国有资产进行评估，以帮助项目法人控制投资和成本，确保国有资产效益的发挥。审计事务所还可对项目法人自有的和自行筹措的资金进行验资查证。审计事务所实行有偿服务、自收自支、独立核算、依法纳税，审计失误的，要承担经济和法律责任。④推行工程监理制。工程监理机构是项目法人和承包商实现合作的桥梁，主要为项目法人提供组织实施管理的服务，与项目法人是经济合同关系。通过监理工程师对工程建设、质量、费用实行三大控制和处理合同纠纷及索赔。监理服务体系的建立和发展，必须走社会化的道路，通过公开招标，由项目法人自主确定监理单位。

五　建立和完善计划、财税、金融相互协调的宏观调控体系

宏观调控体系是社会主义市场经济体制的重要组成部分。为了避免经济大起大落，应建立与市场经济相适应的宏观调控体系。要适应新形势，建立和完善计划、财税、金

融相互协调的宏观调控体系。20世纪90年代中期和后期，结合抑制通胀和扩大内需的实践，我发表了一系列文章，对宏观调控的功能、特点、运行机制进行了探讨。指出我国的宏观调控体系不同于西方发达国家，主要体现在计划、财税、金融三大调控杠杆的运用上，从我国现阶段的生产力发展水平、市场发育程度和追赶发达国家的要求出发，形成高效、灵活、具有中国特色的调控体系。从国际上看，“二战”以后，西方发达经济国家总结了过去经常发生周期性经济波动的教训，加强了政府对经济的干预。由于政府运用财政、金融、关税等经济和法律手段，实施反周期调节，在一定程度上避免了大的经济危机，为“二战”后资本主义的发展做出了贡献。主要市场经济国家根据本国的情况，实行不同的宏观调控制度，形成了各自不同的市场经济模式。大体来说，可以分为分散型市场经济和协调型市场经济两类。前者以美国、英国为代表，主要特征是：①国家不制订统一的经济发展计划，只制订以经常项目为主的财政预算计划；②国家不制定产业政策，但在不同时期对某些产业实行保护性关税政策；③企业资金的来源以直接融资为主，以间接融资为辅。所谓协调型市场经济，以德国、日本、韩国为代表，主要特征是：①国家制订统一的经济发展计划；②国家根据不同时期的经济发展任务，制定产业政策，并在财政、金融政策上给予支持；③企业资金的来源以间接融资为主，以直接融资为辅。在协调型市场经济国家，计划、财税、金融三大调控杠杆在宏观调控中所起的作用也是不同的。在德国，金融调控居于中心地位，中央银行独立于政府。日本的宏观调控实际上是以财政为中心，特别是在20世纪六七十年代高速增长时期，政府用财政手段集中了大批建设资金，包括被称作特别会计的财政预算资金、国债资金、邮政储蓄和保险基金等，用于政策性贷款，并通过政府窗口指导，引导商业银行贷款，从而支持了产业政策和国民经济发展计划的实现。韩国的宏观调控则是以计划为中心。韩国在20世纪60年代开始成立经济企划院，作为超级部，负有制订计划、政策协调、编织预算和维护市场四大功能，是政府主导下市场经济体制的中枢。把财政预算支出计划和经济发展计划统一起来，用预算计划和信贷计划支撑经济发展计划，是韩国宏观经济管理体制的一大特点。

借鉴发达市场经济国家和新兴市场经济国家的经验，从我国实际出发，1993年，我发表了《社会主义市场经济需要强有力的宏观调控体系》一文，我认为由于我国生产力发展水平比较低，处于二元结构状态，经济发展面临着工业化和现代化的双重任务，为了在21世纪中叶使人均国内生产总值达到中等发达国家的水平，必须实行赶超战略。与此同时，必须建立起宏观经济调控体系。宏观调控的主要任务应当是：保持经济总量的平衡，优化产业结构和地区生产力布局，培育具有国际竞争力的企业集团，在国际交流中保护国家和企业的利益。

我认为中国的宏观调控体系应是互相配合、高效灵活的有机整体。建立完善的宏观经济调控体系，是现代市场经济健康运行的前提条件。各种调控手段的运用，应当互相密切配合，同时在权限上互相制衡。其中，最重要的是计划、财政、金融手段之间的协调和配合。计划是宏观调控的依据，中长期计划制定发展战略、发展重点、方针政策，年度计划确定每年宏观调控的八大指标，即经济增长速度、投资总额、居民收入、财政收支、货币发行、物价、就业、国际收支，经全国人大讨论通过后，就具有一定法律属性，各类调控杠杆必须围绕实现这些目标形成合力。财政运用预算支出和税收等手段，主要负责经济结构和收入分配结构的调整优化，为中长期发展提供支撑。央行运用货币发行等手段，主要负责维持货币币值的稳定，保持总供求的大体平衡。宏观调控必须以不妨碍微观经济活动的主动性和选择性为前提，强调市场经济之所以具有动力和活力，是因为它能通过物质利益和市场竞争，使每一个生产经营者都充分发挥出主动性和创造性，都能根据市场需求和效益原则来选择自己的经营方向和经营方式。各个生产要素能根据价格的高低，集中到最需要也是效益最好的地方。宏观调控必须有利于这种主动性和选择性的发挥，必须有利于市场机制的正常运行。同时在宏观调控中，要明确企业是市场的主体。另外，维护市场秩序，保护合理竞争，也是宏观调控的重要职能之一。

在不同时期宏观调控的重点应有所区别。应根据经济运行的态势和主要矛盾，及时调整宏观调控的重点。例如20世纪90年代中期的主要矛盾是通货膨胀，宏观调控必须围绕抑制通胀来进行。随着“软着陆”的成功，经济运行的主要矛盾转化为需求不足和通货紧缩，宏观调控的重点就及时转变为扩大内需。如果仍然用老办法对付新问题，必然南辕北辙。2010年以来，随着中美贸易摩擦的发生，出口受阻，必须实施扩大内需的政策，去杠杆等紧缩措施必须控制好力度，货币政策应适度灵活，以满足扩大内需对货币供应的需求。

宏观调控必须把握好长期与近期、城市与农村、经济与社会、经济与生态、国内经济与国外经济的关系。不能把需要长期实现的任务压缩到短期来完成，造成经济下行压力加大；不能把城市经济当作宏观经济，忽视城乡协调发展；不能只顾经济发展而忽视社会发展，造成经济与社会一条腿长、一条腿短；不能只看经济增长而忽略生态环境的改善；必须密切关注外资外贸对国内经济的影响，对外投资必须保持在国力可承受的范围之内。要把处理好改革、发展、稳定的关系作为宏观调控的重要任务。

从传统计划经济体制向社会主义市场经济体制转变，是我国经济体制的根本转变。建立和完善宏观调控体系，是经济体制转变成功的关键。计划、财税、金融作为三大调控手段，必须围绕宏观调控的目标，相互协调，形成合力，才能构成经济运行的平衡机制，从而为国民经济的持续、快速、健康发展创造条件。

六 振兴四大支柱产业

在参与制定“九五”计划时，通过研究和对需求预测，我提出应当把汽车制造、电子机械、石油化工和建筑业加快培育为国民经济的支柱产业。在《人民日报》组织了振兴支柱产业的专题讨论，编写了《中国支柱产业振兴方略》一书。从1995年到2007年党的十七大召开，中国在转变经济增长方式上取得了重大进展。一个具有标志性意义的事情，就是在这12年间，汽车制造、电子机械、石油化工和建筑业在国内生产总值中的比重由12%上升到20%，作为国民经济四大支柱产业的地位确立起来。四大支柱产业的崛起，对这一时期国民经济的持续快速增长发挥了重要支撑作用。

我在研究报告中论证了加快发展支柱产业的必然性。研究报告认为随着20世纪80年代轻纺工业的大发展，结束了沿袭30多年以消费品供应短缺为特征的“票证供应”时代。进入20世纪90年代后，我国重工业增长速度开始快于轻工业。1993年重工业增加值的增长速度快于轻工业3个百分点，重工业主导增长的势头越来越强劲。能源、原材料产量已居于世界前列，为重化工业发展提供了条件。发达国家工业化的历程表明，当农业和劳动密集型工业发展满足了人民吃饭、穿衣等基本需求以后，以家用电器为代表的“千元级”商品的消费阶段也将逐步被以住宅和汽车为代表的“万元级”商品消费阶段取代，即人均国民生产总值在300～400美元时，经济的发展将出现一个重化工业加速发展阶段，由此拉动大量投资需求和经济腾飞。

我在文章中论证了振兴支柱产业是新的经济发展阶段面临的主要任务。支柱产业的产业关联性强，技术含量高，市场前景广阔，对于促进产业结构的升级，提高国民经济的总体素质至关重要。应当把大力培育和支持支柱产业发展作为国家产业政策的重要内容。1994年我在《人民日报》发表文章，提出振兴支柱产业应抓住四个关键环节。

1. 按照经济规模的要求组织专业化协作

生产规模小型化、分散化，技术落后和重复建设，是我国支柱产业面临的致命性问题。我国目前有汽车总装厂125家，达到经济规模要求的仅有一汽和二汽的中型卡车。在地区分割的体制下，年产量11.5万吨的乙烯厂却纷纷上马。作为新技术产业的电子工业，我国有电子企业上万家，年产值仅200多亿美元。生产规模过于狭小，使企业没有足够的力量进行技术开发，并建立自己独立的销售体系。在进口产品的冲击下，企业的生产经营越来越困难。

发展经济规模并不意味着把所有的生产环节都集中在一起。按专业化协作的要求把零部件的生产分散到各个专业厂，充分发挥专业厂批量大、技术精、成本低的优势，也是现代工业发展的一个重要方向。由于我国传统的价格和税收制度不合理，引导大家都搞总装，不搞零部件，以致形成大而全、小而全和分散落后的生产体制，严重地阻碍了支柱产业的形成和发展。所以，按经济规模和专业化协作的要求办事，应当是发展我国支柱产业的首要战略。

2. 鼓励企业到资本市场筹集发展资金

发展支柱产业面临的最大困难就是资金不足，以致国家早已定点的重要建设项目进展缓慢。从国内社会资金供应状况和支柱产业吸引资金的能力来看，这个问题本来应该是不存在的。因为20世纪90年代我国财政预算外的社会资金总量已经达到相当大的规模，仅居民个人金融资产即达1.7万亿元。这些资金通过商业银行贷款和各种集资的方式在投资市场上流动。一旦出现高盈利的投资机会，资金便会蜂拥而至。1993年到1994年上半年出现房地产投资热，随后几年各地相继出现家电、建材、汽车、乙烯等投资热，都吸引了大批资金，充分显示了社会资金按照利润率原则流动和集聚的能力。遗憾的是，这些资金没有得到正确引导，而是被大量小型、落后的重复建设和寻租行为占用了。国家定点的支柱产业重大建设项目，经济效益都非常好，投资回报率也高，照理说对资金具有更强的吸引力，然而由于行政约束、利润分配等，重点建设项目缺乏对社会资金的吸引能力。

要从根本上解决这一矛盾，就必须从机制上入手。要建立全国统一的资本市场，应允许国有大中型企业到资本市场上筹集和吸引资金，平等竞争，从而真正发挥市场对资源配置的基础性作用。

3. 从引进、合资走向独立研制、自我发展

从国外经验看，有两条发展工业的道路，并带来两种不同结果。一条道路是初期靠引进技术和利用外资，很快就走向独立设计、开发，自己建厂发展的道路，这样不仅满足了国内市场的需求，而且迅速形成出口的拳头产品。另外一条道路则是主要依靠外商投资，没有在发展民族工业上下很大功夫，结果生产和出口虽然也发展很快，但国家和人民并没有得到太大的好处。显然，我们只能走前一条道路。消化引进技术，需要生产企业与科研机构之间的合作。因为引进技术在企业，而消化引进技术的人才在科研机构。只有打破

企业与科研机构的隔离层，才能真正使企业成为技术进步的基地。20世纪90年代，我国的轿车、大型机电设备、移动通信设备等市场很大一部分被外国商品或进口零部件的组装品占领，而国内的科研和生产单位又过于分散，形不成拳头，在技术开发、零部件国产化和扩大市场占有率等方面进展迟缓。必须通过行业的组织和国家的政策引导，走集中设计、联合开发、企业为主、分工协作的路子。

4. 薄利多销，开发国内外市场

发展支柱产业，必须符合市场需求。20世纪末要达到小康水平，重点是解决人民住和行的问题。城镇广大居民对改善居住条件有着强烈的需求，应当说市场是极其广阔的。然而，由于城镇住宅的供给制没有被打破，因此限制了住宅的生产、流通和消费。1993年以来兴起的房地产热，集中在少数开放城市的高档房屋和游乐设施上，甚至集中在房地产的炒买炒卖上，走上了泡沫经济的歧途。应当通过住宅商品化改革，把这股房地产热引导到城镇居民住宅建设上。要降低普通居民住宅地价，控制住宅建设成本，实行住宅信贷和分期付款制度，吸引广大居民进入住宅市场。只有形成巨大的市场，房地产业才会有振兴的动力，从而成为支柱产业。汽车特别是轿车工业的发展，也有一个市场形成问题。汽车如果不能进入家庭，如果不发展公路运输，中国潜在的汽车需求就不可能变为现实需求。价格过高，是当时制约汽车需求的首要因素。国内一辆轿车的售价，是国际市场的几倍甚至十几倍。其他机电、石油化工产品，国内价格也都高于国际市场价格，这不仅限制了国内消费，而且在“复关”之后，将会使我国产品面临国外产品的冲击。所以，降低价格，薄利多销，在当时成为振兴支柱产业的重要战略。

七 《发展计划学》与《郑新立经济文集》

1999年，我主编了《发展计划学》一书。这本书从发展的视角，总结了改革的成果。在更新计划观念、转变计划职能、探讨计划理论和普及计划知识方面，都做了全新的阐释。《发展计划学》使计划学彻底摆脱了传统计划经济的影响，成为一门崭新的学科。

创新计划理论，是发展计划学的重要任务。发展计划学是一门研究如何提高全社会的组织程度，加快经济发展，提高全社会劳动生产率的学科，是一门研究如何富民强国的学科。在新中国的历史上，为建立独立的完整的工业体系和国民经济体系，计划曾发挥了重要作用。在发展社会主义市场经济、实现现代化目标的过程中，计划仍将继续发挥重要作用。计划需要新的理论体系作为支撑，包括市场经济下计划存在的客观必要性、计划作用的原理、计划行为的合理界限、计划编制方法、提高计划的社会参与度等，都需要进行探讨，建立起与传统计划经济体制下的计划理论迥然不同的新的理论。这种新的理论，是对传统计划理论的扬弃，吸取世界各国计划管理的有益经验，从中国的实际出发，从发展社会主义市场经济的客观要求出发，对新的计划实践进行概括，力求找出规律性的东西，使发展计划学成为一门学科。

具体来说，发展计划学主要研究：

——经济社会发展的评价标准和目标体系；

——适宜的计划形式的选择；

——计划的制订、执行、评估和修订方法；

——发展的潜在能力和约束条件；

——实现计划的政策和社会条件；

——计划工作的技术。

1. 《发展计划学》的基本特点

（1）它是社会主义市场经济条件下的发展计划学科。与以往的国民经济计划学不同，它着重反映发展社会主义市场经济的要求，阐述社会主义市场经济体制下经济社会发展的客观规律，论述社会主义市场经济条件下计划与市场的关系，计划的性质、职能、内容、形式，计划制订和实施的理论与方法。

（2）它体现了发展计划的宏观性、战略性、政策性。社会主义市场经济条件下的计划，主要是管大的方向性问题，从宏观、战略、指导思想到方针、政策，达到统一认识、统一行动的目的。计划不规定过多的具体指标和投资项目。凡属微观经济活动，计划不做具体规定。

（3）发展计划总体上是指导性、预期性的计划。计划确定宏观调控目标和有关政策，不直接干预企业的经营活动，对企业没有直接约束力，但计划将影响企业的经营决策，引导企业的发展方向。宏观调控目标主要依靠经济杠杆如税率、汇率、利息、价格、投资等手段得以保证实现。

（4）对涉及宏观经济总量的调节，分领域进行了分析。如总供求平衡和结构优化，收入分配与消费调节政策，全社会资金来源、运用与计划管理，固定资产投资，国际收支等问题，都单列一章，进行了专题论述，突出了发展计划的宏观性。

（5）突出了科教兴国和可持续发展战略。人类对发展的理解即发展观是随着社会的进步而不断变化的。由注重经济增长到提倡经济与社会协调发展，由重视社会发展到重视人类自身的发展，这是发展观念的不断进步。《发展计划学》专门论述了科教兴国战略和可持续发展战略，把人的素质和生活质量的提高作为发展的最终目标，强调要重视生态环境的改善，节约使用资源，重视科技进步，充分体现了新的发展观。

（6）重视计划方法的不断改进，包括：运用信息论、系统论、控制论的方法改进计划管理；重视依靠和运用法律手段，使计划的制订和实施纳入法制化轨道；建立计划依托体系，把计划制订的过程当作发扬民主、集中群众智慧的过程，当作政府与企业、居民和专家达成共识的过程。

2.《发展计划学》的基本内容

《发展计划学》围绕国民经济和社会发展计划制订与实施的全过程，以及计划涉及的有关问题，进行了系统阐述。其基本内容包括导论和二十章正文。第一、二章论述了现阶段我国发展计划的基本特点和主要任务，突出了社会主义市场经济体制条件下计划职能、计划观念的转变，对新型计划的特点和任务进行了总体论述。第三、四章关于发展计划体系与计划重点、发展计划的新形式，阐述了中长期计划、年度计划和专项计划三种基本的计划形式，分析了三种计划形式的使用范围、主要内容和相互关系，指出要以中长期计划为重点。这些都是长期实践经验的概括和总结，是计划工作最基本的手段和形式。第五、六章关于科教兴国和可持续发展战略，是计划工作必须遵循的两个基本原则。第七、八、九、十章，对总供求平衡和结构优化，收入分配和消费政策，全社会资金的计划管理和固定资产投资计划与管理进行了论述。正确处理总量与结构、投资与消费以及全社会资金管理这些关系经济全局的问题，对保证国民经济的持续快速健康发展至关重要。第十一、十二章，分别阐述了国际收支与价格管理，涉及汇率和物价的稳定，对经济的稳定具有重要意义。第十三、十四、十五、十六、十七章，分别叙述宏观调控手段、法律手段、核算体系、宏观经济监测预警系统和计划依托体系，都是计划制订和实施的保证手段，从不同角度为计划的制订和计划目标的实现提供了条件。第十八、十九章，阐述了我国计划体制的历史沿革，对中外计划模式进行了比较。从中可以看出，现行发展计划是历史发展的必然结果，是适应现阶段生产力水平和体制环境的最佳选择。第二十章，概述了历次五年计划的制订和执行情况，是这本《发展计划学》的有机组成部分。以史为鉴，可以使我们保持清醒的头脑，从而把计划工作做得更好。

3.《发展计划学》的基本方法

《发展计划学》的基本方法是辩证唯物主义和历史唯物主义的方法。它首先基于对历史和现实的客观分析，坚持实事求是，理论联系实际，从而使发展计划学这一理性认识能更好地反映实际，指导实际，使之成为一门真正的学科。

（1）比较的方法。不仅从历史的角度进行比较，从经验和教训中得出正确的结论，而且从各国计划模式的角度进行比较，并从中看到它们的得失和优劣，得到启发，悟出道理，哪些经验可以借鉴，哪些又不能照抄照搬，从而使我们的认识更全面。

（2）定性分析与定量分析相结合的方法。这是计划工作中必须采用的方法。用定量分析支持定性分析，用定性分析指导定量分析。特别是随着信息化和计算手段的现代化，越来越具备运用定量分析的条件，这种方法应当得到越来越普遍的应用。

（3）理论分析与典型事例相结合。限于篇幅，《发展计划学》一书在案例或事例的选择上还不多。但对一些主要问题，都有具体事例加以说明，这对理解所阐述的道理，可起到一目了然的作用。

4.《发展计划学》论述了发展计划与宏观调控的关系

宏观调控体系是由计划、财税、金融三大手段组成的相互制约、相互协调的完整体系。在这个体系中，计划是宏观调控的依据。因为计划是发展目标和保证手段的统一体，是多种调控杠杆和政策协同动作的统一的方案。计划经国务院报经全国人大会议批准，就具有了法律效力，应当成为各有关方面统一行动的纲领。如果各行其是，就有可能出现逆向调节，作用力互相抵消。至于实际情况发生了变化，就要适时地对计划进行调整。

（1）计划并不能代替财税、金融手段的作用。各种调控手段围绕计划确定的调控目标协调行动，才能收到事半功倍的效果。计划指明宏观调控的方向。计划要根据经济走势确定宏观调控政策的取向，例如需要扩大需求还是压缩需求，优化结构的方向和重点是什么，等等，在这个总的方向提出来之后，财税、金融等手段才能按照这个方向，运用自己掌握的经济手段进行调节。而调控方向的确定，必须在全面分析经济情况、预测经济的近期和长远走势的情况下，通过计划的形式提出。

（2）计划确定的基本政策指导着各类调控杠杆的运作。计划制定的总供求政策、结构调整政策、国民收入分配政策、国际收支政策等，决定和影响着财税政策、信贷政策、工资政策、投资政策、进出口政策、汇率政策、价格政策的制定和实施。这些基本政策与专项政策相互配合，形成完整的政策体系。它们的共同作用，才能保证计划目标的实现。

（3）计划运用直接掌握的国家资源引导资源配置。这是宏观调控的有效的直接手段。如政府运用预算资金，确定国家重点建设项目和贴息的项目范围，促进资源的优化配置，达到扩大需求、调整结构的目的，这在宏观调控中是经常使用的手段。当然，这种政府直接配置资源的调控手段的运用，也要遵循市场经济规律，注意平等竞争，以更好地达到调控的目标。

2000年，我出版了《论抑制通胀和扩大内需》（《郑新立经济文集（第一卷）》）、《论新经济增长点》（《郑新立经济文集（第二卷）》）和《论改革是中国的第二次革命》（《郑新立经济文集（第三卷）》），三本书约120万字，精选了改革开放20多年来我公开发表的178篇文章。文集从一个角度真实记录了改革开放以来中国经济发展和宏观调控的轨迹。

《论抑制通胀和扩大内需》一书收入的文章，主要涉及经济总量和经济结构方面的内容，记录了我国经济从短缺到低水平过剩的全过程，反映了宏观调控从以抑制需求膨胀为主要任务到以扩大内需为主要任务，从反通胀到反通缩的历史性转变。

《论新经济增长点》一书，收入了有关支柱产业、主导产业培育和发展方面的文章，论证了转变经济增长方式的必要性和努力方向，分析了产业结构优化升级的主要任务和相关政策，指出了支撑经济长期持续快速增长的潜力所在，提出了在21世纪经济发展的新阶段，要以满足人民住行和受教育的需求来拉动经济增长。发展是硬道理，坚持用发展的办法解决面临的各种问题，是这本书的灵魂。

《论改革是中国的第二次革命》一书，汇集了有关改革开放的论文和调查报告，包括企业改革，农村改革，计划、投资、金融、财税体制改革，对外开放的方针政策等。

八 混合所有的股份制是公有制的主要实现形式

2002年在党的十六大召开之前，我率调研组赴浙江省调查所有制结构问题，从浙江的实践得出结论：浙江经济的崛起关键在于坚持以公有制为主体、多种所有制经济共同发展；混合所有的股份制经济是与现阶段生产力发展要求相适应、富有活力的经济形式；由公众所有的股份制是社会主义公有制的一种新的实现形式。调研报告提出，社会主义条件下的股份制是对私有制的积极扬弃，劳动者的劳动、技术和资本联合为主的经济应属于公有制经济；企业职工持股使雇佣劳动者变为名副其实的主人，实现了劳动者与生产资料的直接结合；劳动者持股使生产者变为有产者，有利于劳动人民走上富裕道路；股份制使劳动者有了投资自主权，适应了社会主义市场经济发展的客观要求。

在股份制经济中，国有、集体和个体、私人资本组合在一起。其中，属于国有和集体的资本，归全体和部分劳动者共同所有，这是传统意义上的公有制经济。由国有、集体控股的股份制企业，放大了公有经济的控制力，总体上也应属于公有制范畴。私人资本和由私人资本控股的股份制企业，属于私营经济范畴，同公有经济一样，都是社会主义市场经济的重要组成部分，这一点也没有异议。问题集中在，由劳动者包括本企业职工和社会公众持有多数股份的企业，到底是属于公有制还是私有制范畴，应根据马克思主义基本原理，从中国的具体实际出发，做出明确回答。这对于消除人们的疑虑，激发广大劳动者创业和投资的积极性，加快生产力发展，具有十分重要的意义。

1. 社会主义条件下的股份制是对私有制的积极扬弃，以劳动者的劳动、技术和资本联合为主的经济应属于公有制经济

在资本主义条件下，股份制的出现，缓解了生产社会化和生产资料私人占有的矛盾，促进了资本主义的发展。尽管一百多年前股份制还处在早期发展阶段，马克思、恩格斯就给予了积极的评价。马克思指出："资本主义的股份企业，也和合作工厂一样，应该被看作是由资本主义生产方式转化为联合的生产方式的过渡形式，只不过在前者那里，对立是消极地扬弃的，而在后者那里，对立是积极地扬弃的。"[①]恩格斯也指出："由股份公司经营的资本主义生产，已经不再是私人生产，而是为许多结合在一起的人谋利的生产。"[②]马克思、恩格斯之所以把股份制看作是对资本主义生产方式的消极扬弃，而合作工厂是积极扬弃，原因在于，社会财产和私人财产的对立在合作制中，表现为一人一票，每个人都占有一定生产资料，谁也控制不了谁，通过平等合作的形式联合在一起。而这种对立在股份制中则是一股一票，大股东可以控制小股东，极少数人能够控制多数人。无论是积极扬弃还是消极扬弃，它们都推动了生产资料由私人占有向社会占有转变的进程，只是股份制迈出了重要的一步，而合作制则迈出了一大步。毫无疑问，马克思主义经典

① 马克思：《资本论》（第三卷），人民出版社，2004，第498页。

② 《1891年社会民主党纲领草案批判》，载《马克思恩格斯全集》（第二十二卷），人民出版社，1965，第270页。

作家都把股份制和合作制看作是由资本主义向共产主义过渡必须采取的中间环节。股份制由于具有产权清晰、责权利明确的优点，能够适应社会化大生产的要求，迅速实现资本的聚集；通过股民“用脚投票”的方式形成对企业经营的制衡机制等特点，在社会主义初级阶段，我们必须借助股份制来发展生产力。浙江通过发展股份制和股份合作制，实现经济高速发展的实践，就是充分的证明。我们已经建立起了强大的公有制经济；国有经济控制国民经济命脉，对经济发展起主导作用；控股的主体多数为国有和集体企业；劳动者对企业实行的民主管理和监督不断完善，因此，股份制已不再是对私有制的消极扬弃而是积极扬弃，是实现劳动者的劳动、技术和资本联合的重要形式。以公众持股为主的股份制企业，包括职工持股和社会公众持股占多数的股份制企业，按照马克思、恩格斯的论述，显然应属于公有制的范畴。

这种公众所有与传统国有、集体经济共同所有的区别在于：联合占有的资产在价值形态上明晰到每个劳动者个人，成为劳动者作为生产资料所有者领取资本收益的凭证；在实物形态上，仍然是一个完整的生产体系，从事社会化大生产。也可以说，这种公有制是建立在劳动者个人所有制的基础之上的。同时，与被资本主义所代替的封建的、自然经济下的私有制相区别，劳动者的劳动不再是分散的个人的劳动，而是联合的社会化劳动。所以，马克思在《资本论》（第一卷）的结尾，即从剩余价值的生产到资本主义积累的历史趋势的分析中得出结论，生产资料的集中和劳动的社会化，达到了同它们的资本主义外壳不能相容的地步。这个外壳就要炸毁了。资本主义的私有制的丧钟就要响了。“资本主义的私有制，是对个人的、以自己劳动为基础的私有制的第一个否定。但资本主义生产由于自然过程的必然性，造成了对自身的否定。这是否定的否定。这种否定不是重新建立私有制，而是在资本主义时代的成就的基础上，也就是说，在协作和对土地及靠劳动本身生产的生产资料的共同占有的基础上，重新建立个人所有制。”[①]从公众所有的股份制里，我们不难找到理解马克思关于重建个人所有制的论断的钥匙。

2. 企业职工持股使雇佣劳动者变为名副其实的主人，实现了劳动者与生产资料的直接结合

马克思主义是在批判资本主义制度中诞生的。马克思指出，资本主义的根本弊端是造成生产资料与劳动者的分离，使生产资料成为榨取工人创造的剩余价值的手段，工人的劳动成为雇佣劳动。他说，“资本主义生产方式日益把大多数居民变为无产者”[②]，而“劳动条件作为独立的、人格化的东西同活劳动相对立，不是工人使用劳动条件，而是劳动条件使用工人。正因为这样，劳动条件才成为资本，而拥有劳动条件的商品所有者则作为资本家同工人相对立”[③]。

社会主义同资本主义在经济上的根本区别在于，社会主

① 马克思：《资本论》（第一卷），人民出版社，2004，第874页。

② 中共中央马克思、恩格斯、列宁、斯大林著作编译局译：《马克思恩格斯选集》（第三卷），人民出版社，1995，第630页。

③ 中共中央马克思、恩格斯、列宁、斯大林著作编译局译：《马克思恩格斯全集》（第四十七卷），人民出版社，1979，第514页。

义社会通过建立公有制，使劳动者成为生产资料的所有者，使生产资料与劳动者直接结合，即“以自由的联合的劳动条件去代替劳动受奴役的经济条件”[①]。在这种自由劳动者联合体中，劳动者应享有四方面权利：①就业权——作为生产资料所有者的劳动者有权利占有和使用生产资料；②通过劳动获得与其活劳动相应的报酬——工资；③作为社会共同占有生产资料的一分子，享有扣除公共积累后用于再分配的社会福利；④作为企业部分股权的拥有者，参与利润的分配，即由劳动者创造的“剩余价值”的一部分，应作为资本收益归拥有股权的劳动者获取。在传统社会主义经济体制中，只承认劳动者前三个方面的权利，而第四个方面的权利却被忽略掉，以致企业职工缺乏主人翁的责任感，并成为分配上平均主义和“大锅饭”的一个根源。新中国成立以后，我们在城乡普遍建立了社会主义公有制经济，使之成为社会主义制度得以巩固和发展的经济基石。而我们在探索实现劳动者同生产资料相结合的过程中经历了曲折的道路，有过深刻的教训。改革开放以来，我们调整和改革所有制关系，实行以公有制为主体、多种所有制共同发展的基本经济制度，努力探索公有制的新的实现形式，关键的一点就是要充分实现劳动者同生产资料的直接结合。而直接结合的形式、途径可以也应该是多种多样的。但无论是以什么形式实现劳动者同生产资料的直接结合，都是为了使劳动者既关心与自己提供的劳动相应的工资收入，又关心与自己占有生产资料相关的股利，真正形成劳动

① 中共中央马克思、恩格斯、列宁、斯大林著作编译局译：《马克思恩格斯选集》（第三卷），人民出版社，1995，第98页。

者从个人物质利益上关心企业经营的机制。

浙江类似雅戈尔集团的股份制较好地解决了劳动者与生产资料的直接结合问题。特别是本公司持股职工，关心资本增值甚至胜过于个人工资。企业经营得好，在股市上企业价值提高，个人资产迅速增大；企业经营得不好，企业价值下降，个人资产则大幅缩水，甚至全部丧失。因此，搞好企业经营就有了内在动力机制，而不再靠政府的推动。

3. 劳动者持股使无产者变为有产者，是劳动人民走上富裕道路的重要途径

邓小平同志在改革开放初期就反复指出，贫穷不是社会主义，要使一部分人先富起来，最终实现共同富裕。这是对科学社会主义理论和社会主义分配理论的重大突破。从长远来看，社会主义要有凝聚力和吸引力，归根到底要使社会主义制度下的广大人民比资本主义制度下的人民更富裕，生活质量更好。为了做到这一点，在社会主义初级阶段的长时期内，人民群众的收入就不能仅够满足个人生活消费的需要，即劳动力再生产的需要，还应有一部分剩余用于储蓄或投资，也就是说，在工人阶级掌握政权后的几百年时间内，经济地位不能总是停留在无产阶级的水平上，要变无产者为有产者。关于这种思想，无产阶级革命先烈蔡和森同志早在共产党成立前后就曾有过精彩的论述。他在1921年2月从法国写给陈独秀的信中指出：“中产阶级专政是永久的目的；无产阶级专政是暂时必然的手段。”[①]如果劳动者在社会主义

① 蔡和森：《蔡和森文集》，人民出版社，1980，第79页。

社会的长时期内仅仅拥有衣食住行这些生活资料，那么在富裕程度上就永远赶不上发达的资本主义国家，劳动群众对社会主义就会渐渐失去兴趣。东欧剧变中广大劳动群众的态度就是证明。同时，在共产党执政后的长时期内，如果不能给劳动人民谋取新的利益，就不可能继续成为广大劳动人民群众根本利益的忠实代表。

在浙江农村3000多万人口中，目前已有乡镇企业105万家，每家企业平均按3个合资者计算，共315万个股东，再加上近100万个体工商户，全省农村有400万个有产者或大大小小的股东。每户按3.5人计算，有产者的人口达1400万人，占全省农村人口的近50%。这些农民除了有耕种土地的收益，有在企业劳动的工资性收入，还有资本收益，而且资本收益在农民收入中的比重迅速上升。在萧山区航民村，村集体资产的40%左右按劳动贡献股、村龄股和福利股分配到个人，全村人人有股。集体土地生产的产品按需分配。村民在村办企业上班实行工资制。目前，分红的收入已超过工资和实物分配，成为村民主要的收入来源。各户之间仅有富裕程度的差别，最低收入户也过上了富裕生活。像这样的村在浙江已不是凤毛麟角，而是已经有了一小批，他们成为中国农村实现共同富裕目标的榜样。

4. 股份制使劳动者有了投资自主权，适应了社会主义市场经济发展的客观要求

在传统计划经济体制下，管理权限高度集中，扩大再生产的权限由国家统一掌握，企业没有投资自主权，居民的钱

2016年在杭州市萧山区与万向集团鲁冠球董事长亲切交谈。

只能存在银行，不可能直接用于投资。这种体制束缚了企业和劳动者投资的积极性，实践证明其限制了生产力的发展。社会主义市场经济体制的建立，特别是投融资体制的改革，赋予了企业投资自主权。企业股票上市和各类债券的发行，给了居民越来越多的投资选择机会。政府鼓励各类社会投资的政策，激发了劳动者投资创业的积极性，一大批乡镇企业和城镇个体、私营经济迅猛兴起，支撑了整个国民经济的持续快速增长。实践证明，劳动者个人拥有投资权：有利于充分调动蕴藏在亿万群众中发展经济的积极性，把闲散的资金集中起来，兴办各类事业；有利于劳动者自主创业，自谋职业，既满足社会需要，又扩大劳动就业；有利于企业的优胜劣汰，效益好的企业可以从金融市场上迅速筹集资金，充分发展，经营得不好的企业由于得不到资金支持而破产，并分散了经营风险。浙江的经济发展比较快，一个重要经验就是千百万农民成为市场的主体、投资的主体，能够迅速捕捉市场信息，具有很强的经营意识和应变能力，涌现了一批像鲁冠球、邱继宝、南存辉、李书福这样的乡镇企业家。他们说，战争年代出一批农民将军，改革开放年代要出一批农民企业家。正是劳动者有了投资入股的自主权，才使他们有了发展的机遇，创造了发展的奇迹。

九　积极探索农村土地公有制实现方式

1993年我在论文中提出，新农村建设的主要内容：一要把发展农村经济、增加农民收入作为中心环节。二要把改善农村基础设施和公共服务落后局面放到突出位置。三要建立起深化农村各项改革的有效机制。要把新农村建设和工业化、城镇化结合起来，形成良性互动，加快工业化、城镇化进程，通过工业化、城镇化带动新农村建设。我提出通过建立六项制度，把农村改革推向深入：一是稳定和完善农村基本经营制度，明确家庭经营、统一经营的发展方向；二是建立严格规范的农村土地管理制度，鼓励、支持、规范土地流转；三是建立财政支持农业和农村发展制度，逐步实现城乡公共服务均等化，引导社会资金增加对农村和农业的投入；四是建立现代农村金融制度，农村改革的重点要放在农村金融上；五是建立城乡经济社会发展一体化制度，即“六个一体化”，其中包括城乡规划一体化，产业布局一体化，基础设施一体化，公共服务一体化，要素市场一体化，社会管理一体化；六是健全农村民主管理制度，通过村务公开，村党支部建设，以党内民主带动民主决策，进而在基层政权建设等方面建立一整套农村民主管理制度。进入“十二五”时期，加快农业现代化的条件已经具备：社会资金富余，劳动力转移有出路，对优质农产品的需求旺盛。应抓住机遇，建立鼓励社会资金投入农业现代化建设的机制，鼓励发展新型农业投资经营主体，包括家庭农场、农业合作社、农业公司等，以实现农业的规模化、集约化经营，把一部分农民从土地上解放出来，向第二、三产业转移。

加快农业农村的发展，关键在于改革农村土地制度，探索农村土地公有制实现方式。目前我国正处于工业化、城市化、农业现代化快速推进的过程中。工业化需要从农村不断输送出高素质的劳动力，在由农民向第二、三产业从业人员的身份转换中，他们的承包地如何处理？城市化需要为新增人口提供住房和公共服务，如何让他们把在农村的住房置换为城镇的住房，把减少的农村宅基地变为城市新增建设用地？农业现代化需要发展社会化大农业，如何把家庭小规模土地经营转变为规模化、集约化经营？对于这些迫切需要回答的问题，2014年我发表了学习党的十八届三中全会《中共中央关于全面深化改革若干重大问题的决定》（以下简称《决定》）的文章，提出了落实农村土地制度改革的建议。

1. 允许农民对土地的承包经营权抵押、担保、流转

改革开放以来，我国离开土地的农民工已达2亿人。他

们在农村的承包地大部分依靠农忙季节回乡耕种或交给亲友代耕。这种状况带来两个不良后果：一是粗放型耕作降低了土地产出率，许多地方出现土地撂荒现象；二是在城市工作不稳定难以形成高素质的产业工人队伍，制约着工业升级的进程。解决这个矛盾的唯一途径就是鼓励外出农民工将自己的承包地转让出去，使土地向规模化经营主体集中。这件事在许多地方实际上已经在做，只是在国家政策上尚未得到足够支持。党的十八届三中全会《决定》明确指出："赋予农民对承包地占有、使用、收益、流转及承包经营权抵押、担保权能，允许农民以承包经营权入股发展产业化经营。鼓励承包经营权在公开市场上向专业大户、家庭农场、农民合作社、农业企业流转，发展多种形式规模经营。"这是农村土地经营制度的一个重大突破，是从农村实际出发做出的一项重要改革。按照党的十八届三中全会《决定》精神，农村土地公有制将实行"三权分离"：所有权归村集体，承包权归农户，经营权放开。要稳定所有权，落实承包权，搞活经营权。所有权归村集体，不准自由买卖，就能避免土地的兼并。农户将承包权抵押后，如果失去了抵押物，债权方拿到的仍仅仅是土地的用益物权。承包权归农户，农户对承包的土地拥有法人财产权或用益物权，就可获得土地转包收入即财产性收入。承包权有了交换价值，进城农民转让承包权的积极性就会提高。放开经营权，鼓励种粮大户、农业公司、合作社扩大土地经营规模，对提高农业劳动生产率和土地产出率，都有重要作用。经验证明，有的农民把土地转让出去，获取的转包费甚至超过自己耕种的纯收入。有些地方将每亩地年转让费定为1000斤小麦的市场价。投资农业搞集约化经营，田埂取消可增加5%的耕地面积，统一良种、深耕、灌溉、施肥、灭虫，单产提高，回报率可达30%。要抓紧搞好土地确权颁证工作，为土地承包权流转创造条件。

当前，农业现代化面临着千载难逢的机遇：一是农业劳动力转移有出路；二是大量社会资金急于寻找投资途径；三是市场对优质绿色农产品需求旺盛；四是农用工业能够满足农业现代化对技术装备的需求。这四个条件同鼓励土地承包经营权转让的政策结合在一起，农业现代化的进程将大大加快。土地承包权流转，使农民从提高效率中增加收入。按照目前每亩转包费700元计算，一户10亩地每年可收入7000元。两口子出去打工，年收入6万元左右，加上土地转包费收入，家庭年收入即可进入中等收入家庭行列。种地的农民由于扩大了经营规模，收入也大幅度增加。根据实际经验：在单季农业地区一个农民种100～120亩地，在双季农业地区一个农民种50～60亩地，农业劳动生产率就能达到第二、三产业的平均水平，农民收入增加。而按照现在的机械化条件，在平原、浅丘陵地区，一个劳动力能种几千亩旱地。在南方水稻产区，一个农民能种几百亩水田。由于劳动生产率提高，其收入将超过外出打工的收入，有助于形成稳定的高素质农民队伍。土地的规模化经营有力地推动农业现代化，我国农业将会由一个弱质产业转变为具有国际竞争力的产业。

2. 慎重稳妥推进农民住房财产权抵押、担保、转让

2013年《政府工作报告》提出了抓紧实现1亿农民工市民化的目标。农民工市民化的一个基本条件就是在城里有住房。如果单靠打工收入买房，那将遥遥无期。如果把在农村的房子卖掉，就能获得一笔可观的收入，在城里买房或租房就有了可能。党的十八届三中全会《决定》提出："保障农户宅基地用益物权，改革完善农村宅基地制度，选择若干试点，慎重稳妥推进农民住房财产权抵押、担保、转让，探索农民增加财产性收入渠道。"这为实现农村住房商品化提供了政策保障，是农村住房和宅基地制度改革的重大突破。照此要求推进改革，既有利于增加农民收入，缩小城乡收入差距，又有利于减少农村住房占地，满足城市化对新增建设用地的需求，还能够促进农民工市民化。据统计，2013年全国农民工有2.8亿人，留守儿童6000万人，留守妇女4600万人，留守老人4000万人，共有4.26亿人全家分离。在群众路线教育中，我们倡导关心群众生活，帮助4亿人早日实现全家团圆梦，这是一件多么大的好事啊！应当根据各地情况抓紧来做。

世界各国经验证明，在城市化过程中，建设用地是减少的，耕地是增加的。因为城市化提高了土地利用的集约化程度。从我国的实际情况来看，农村人均占有的建设用地是城市的3.5倍，全国城乡建设用地22万平方千米，其中村庄建设用地达17万平方千米，即2.55亿亩。我国土地资源的最大潜力在农村的宅基地。承认农村包括宅基地在内的住房的商品性质，允许其通过市场进行交换，是集约节约利用土地资源的客观要求。推进这项改革，不仅不会冲击18亿亩耕地

红线，相反可以增加耕地。由于宅基地所占用的一般都是好地，复垦之后，其单产水平必将高于普通耕地。

承认农民住宅的商品属性，是实现生产要素在城乡之间双向自由流动的必然要求，是发挥市场在资源配置中决定性作用的客观需要。我国实行社会主义市场经济体制已经20多年，至今仍不承认农民的住房是商品，严重损害了农民的利益，成为城乡收入差距不断拉大的重要原因。因为城市居民80%以上都有自己的私有住房。随着住房价格的上涨，城镇居民的财产不断升值。农民的住房由于不能商品化而失去了财富升值的机会。限制农民住房进入市场交易，等于剥夺了农民拥有财产性收入的机会。这是城乡居民之间最大的不平等。党的十八届三中全会《决定》提出允许农民包括住房在内的宅基地抵押、担保、转让，是农村房地产制度的重大突破，是市场决定资源配置原则的重要体现。粗略估算，按每亩地20万元计，全国农村17万平方千米宅基地的市场价值可达51万亿元。将这笔巨大财富赋予农民，是党的十八届三中全会《决定》送给农民的大红包，可有效地缩小城乡居民之间的收入差距，将成为农村实现全面小康和实行农民工市民化的重要支撑。

从国际经验来看，农民能不能分享到城市化过程中的土地增值收益，是能不能跨越中等收入区间、进入高收入国家的关键。日本、韩国与印度、巴西、墨西哥提供了正反两方面的经验。我国正处于向高收入国家跨越的关键阶段，落实党的十八届三中全会《决定》精神，使中国农民也能分享到土地增值收益，将为改变城乡二元结构，顺利跨入高收入国家行列提供保证。

3. 农村集体经营性建设用地可与国有土地同权同价

党的十八届三中全会《决定》提出，“在符合规划和用途管制前提下，允许农村集体经营性建设用地出让、租赁、入股，实行与国有土地同等入市、同权同价”。长期以来，城市新增建设用地都是由政府从农民手里先征用为国有土地，在完善道路、供水、供电等基础建设后，再进行“招拍挂”。土地增值收益大部分落入政府手中，被征地农民的权益往往得不到保障。按照党的十八届三中全会《决定》精神，农民将从经营性建设用地的出让中获得较高补偿，包括就业、社会保障和住房，都将得到较好的安置。这是从维护农民利益出发对征地制度的重要改革。党的十八届三中全会《决定》还特别强调要建立兼顾国家、集体、个人的土地增值收益分配机制，合理提高个人收益。这充分体现了对农民利益的重视。

农村土地制度的三项改革，将使土地公有制的实现方式发生重大变化，使之与市场经济有效融合。建立城乡统一的建设用地市场，是发挥市场配置土地资源决定性作用的重要举措。长期以来，城乡之间生产要素不能双向自由流动，农村的劳动力、资金、土地可以源源不断地流入城市，而城市的资金、技术、人才却流不进农村，农村市场形成一个屏障，这是城乡差距不断拉大的根本原因。建立城乡统一的要素市场包括土地市场，是加快农村发展的根本途径。对公益性建设用地，还是需要由政府征用。我国正处于基础设施快速建设阶段，特别是铁路、公路、管道、机场建设，必将占用部分耕地。各级地方党委、政府应做好群众工作，教育群众顾全大局，使基础设施建设能够得以顺利进行，建设成本能够得到有效控制。基础设施建设搞好了，有利于地方经济发展，也有利于农民增收。

农村土地制度的三项改革，将使土地公有制的实现方式发生重大变化，使之与市场经济有效融合。过去，我们在国有企业改革中，曾成功地通过"两权分离"，实现了国有经济与市场经济的融合。党的十四届三中全会曾指出，国有企业对所占有的国有资产拥有法人财产权，可以抵押、担保、转让、受益。党的十八届三中全会又提出，对国有企业的管理要从管资产为主向管资本为主转变。现在是把这一成功经验在农村土地制度上加以复制，从理论和实践上来说，都不应该存在障碍。其中略有区别的是，农村土地有一个用途管制问题，即耕地的流转必须在不改变用途的情况下进行。如果需要将耕地变为建设用地，必须符合建设规划，并依法办理征地手续。党的十七届三中全会还明确，土地的占补平衡可以在省域范围内进行。2018年，国务院又决定允许农村土地占补平衡所节约的建设用地指标跨省域调节使用。这就可以把农村零星、分散的建设用地资源加以复垦，通过土地市场交易和规划部门统一调剂，满足投资者对建设用地的需求。重庆市通过地票市场，挖掘农村分散的建设用地资源，既满足了工业化、城市化对建设用地的需求，又扩大了耕地面积，增加了农民收入，起到了一箭三雕之功效。

十 从转变经济增长方式到转变经济发展方式

1996年"九五"计划提出转变经济增长方式，2007年党的十七大报告又提出转变经济发展方式。在两个重大发展战略提出的前后，我都积极撰写文章进行探讨、论证和阐释。

我提出了转变增长方式的内涵及主要方向，这一政策建议被政府采纳。1995年，党的十四届五中全会通过的《中共中央关于制定国民经济和社会发展"九五"计划和二〇一〇年远景目标的建议》提出要转变经济增长方式，强调经济增长要从粗放型向集约型转变，同时提出要通过经济体制的转变推动经济增长方式的转变。为了推动转变经济增长方式的研究，我以国家计委政策研究室的名义于1996年夏天在南戴河组织召开了全国转变经济增长方式经验交流会。国务院总理、副总理等领导成员接见了与会代表。会后出版了《转变经济增长方式论文集》《转变经济增长方式经验汇编》和《转变经济增长方式研究报告》。2004年，我发表文章《宏观调控：重在调整结构、转变增长方式》。2005年，我发表文章《自主创新：增长方式转变的关键》。

2007年，国内经济发展的突出矛盾已经聚集在需求结构和产业结构上。投资率过高，消费率过低，经济增长过度依赖工业的增长，第三产业发展严重滞后等问题越来越突出。我认为，需求结构和产业结构这两大问题不解决，将会制约经济的持续增长。需求结构、产业结构、要素结构的转变，归结起来应该是发展方式的转变。经过集体讨论和广泛征求意见，党的十七大召开前夕，转变经济发展方式被提了出来。

党的十七大报告提出发展方式的三个转变后，我撰写了一系列宣传解释文章。2009年发表《推动我国经济社会发展必须坚持的正确方向——论“三个转变”》，提出一系列实现“三个转变”的措施。2010年又发表了《转变发展方式是应对危机的根本途径》一文，提出扩大内需的各项财政刺激政策，必须把着力点放在促进转变发展方式上，只有在发展方式转变上取得实质性突破，才能在全球率先回升，并为今后一段较长时期的平稳较快增长奠定基础。从转变经济增长方式到转变经济发展方式，对这两个命题的分析研究论证到宣传贯彻实施，都不遗余力地做出了较大贡献。

十一 实施扩大内需的战略

1998年4月，我写了《确保今年8%增长速度存在的问题和建议》报告，提出扩大内需。受亚洲金融危机冲击，我国投资、消费和出口都受到影响，为确保经济增长，提出通过扩大基础设施投资带动投资需求，也为将来经济发展奠定物质基础。同年发表《扩大内需：我国新经济政策详解》一文，指出扩大内需是一项必须长期坚持的基本政策，扩大内需应当同产业结构优化升级结合起来，并指出扩大内需应当着重于增加消费，提出了增加消费的措施。1999年我发表《扩大内需：一项重要的战略方针》一文，深入分析了把扩大内需作为我国经济发展的基本立足点，以及如何扩大内需的具体措施。2003年，在《发展要有新思路》一文中，我提出坚持扩大内需的方针，必须逐步提高消费在国内生产总值中的比重，扩大内需的重点要适时地从以扩大投资为主向以扩大消费为主转变。通过增加城乡居民收入，培育新的消费热点，进而拉动社会投资的增长。走新型工业化道路，形成以高新技术产业为先导，基础产业和制造业为支撑、服务业全面发展的产业格局。

十二 从提出启动四个消费“发动机”到提出房市、车市、股市联动发展，再到“双提高”议案

注重消费对经济增长的拉动作用，是我长期坚持的观点。20世纪80年代初，我就多次撰文论述正确处理积累与消费、生产建设与人民生活的关系，强调生产的根本目的是满足人民日益增长的物质、文化需要。在20世纪90年代后期扩大内需中，又撰文强调以改善居民住、行条件为重点启动消费，之后又提出在消费领域全面开动吃穿用、住房、汽车、旅游四个“发动机”。2003—2008年，在新一轮经济增长周期中，投资率上升到历史最高点，居民消费率则下降到历史最低点。在大量数据分析的基础上，我又提出了调整收入分配结构、大幅度提高居民消费率的目标设想，提出把房市、车市、股市联动发展作为扩大国内市场的战略，房地产市场、汽车市场和股票市场，是现阶段拉动我国经济发展的主

要引擎。我提出了三个市场联动发展的政策建议：在保持房地产市场持续繁荣方面，通过住房政策的调整和体制改革，增强房地产业发展活力，满足多层次的住房需求，充分发挥房地产业对国民经济的拉动作用；在鼓励扩大轿车消费方面，通过采取扩大汽车消费信贷，改善汽车使用环境，鼓励购买电动汽车、混合动力汽车和中小排量轿车等政策鼓励汽车消费；在促进资本市场平稳健康发展方面，通过资本市场的稳定和繁荣支撑房市、车市的持续繁荣，努力使房地产业和汽车产业成为拉动国民经济长盛不衰的重要产业。根据党的十七大精神，我向全国政协提出一个“双提高”的提案：第一是提高城乡居民收入占国民总收入的比重，第二是提高居民消费率。争取用3～5年的时间，把城乡居民收入占国民总收入的比重由43%提高到53%，把居民消费率由35%提高到50%。把这两个比例分别提高10个百分点和15个百分点是完全能做到的。如果能做出这样一个大的调整，需求结构就会有一个大的变化，这就意味着老百姓的收入水平和消费水平将会大幅度提高，就会增强消费对经济增长的拉动作用。近30年来我不断地呼吁提高消费水平，一再地呼吁避免投资的巨大浪费，要进行结构调整，让广大居民从经济发展中得到更多的实惠。

消费不仅关系到今后一个时期能不能保持经济的平稳较快增长，关系到党的十七大提出的转变经济发展方式能不能落到实处，也关系到科学发展观能不能落到实处。消费是生产的目的，是社会生产过程的终点和起点，人类正是为了实现不断提高消费水平的愿望，才产生了发展生产力的强大动力。现在科技进步大幅度提高了劳动生产率，从而使人类许多消费的梦想有可能变为现实，如果说在农业社会，在计划经济时期，人们消费水平的提高主要是受制于供给能力增长的话，那么当我们学会了用现代的机器大工业来制造各类产品之后，当社会主义市场经济体制确立之后，制约消费水平增长的一个重要因素已经转变为广大人民有支付能力的消费需求。改革开放极大地激发了我国人民的劳动热情，形成了强大的现代生产能力，而当前广大居民的现实消费需求明显不足，严重制约着我国经济的发展。党的十七大提出要转变经济发展方式，实现三个转变，其中第一个转变就是要扩大消费对经济增长的拉动作用，实现经济增长由主要依靠投资和出口拉动向依靠消费、投资、出口协调拉动转变。2008年，受全球金融危机的影响，在我国的出口增长受阻的情况下，实施扩大内需的方针，特别是扩大居民消费，对于化危机为机遇、把经济平稳较快增长的势头保持下去，有着特别重大的意义。

1. 居民消费率过低在当前国民经济中很不协调

我国居民消费率在2007年已经降到了35.4%，2008年比35.4%还要低，降到了改革开放30年来的最低点。2007年创造了30万亿元GDP，老百姓消费才占1/3多一点，这个比例确实太低了，不仅跟我们历史最高水平1985年的52%相比低了17个百分点，与发达国家相比，更相差了30个百分点。在宏观经济的各个参数里面，这是最不协调的一个参数，所以应当引起高度的重视。

（1）居民消费率过低，给国民经济的健康运行带来了严重的负面影响。

第一个负面影响是，它使广大居民的生活水平不能随着经济的快速增长同步提高，降低了国民经济的宏观效益。消费是衡量宏观经济效益的重要指标，由于我们改革开放之前的30年片面地理解生产资料优先增长理论，在经济建设上急于求成，人民的生活水平长期得不到应有的提高。我们在20世纪80年代初期改变了政策，对轻纺工业实行“六个优先”的政策，调整了过高的投资率，所以20世纪80年代是效益最好的，到1985年，居民消费率达到了52%，是改革开放以来的最高水平。但是，从2003年起，伴随着重工业的高速增长，最终消费率和居民消费率出现了连年下滑的趋势，2007年甚至比改革开放初期的1978年还分别低了13个百分点和14个百分点。

第二个负面影响是，经济增长过多地依赖投资和出口，引起生产能力的过剩。与消费率降低相对应的就是，投资率过高或者储蓄率过高，所以经济增长过度依赖投资和出口。特别是最近几年钢铁、水泥、房地产这些行业投资增长得比较快。现在我们形成了6.5亿吨的钢铁的生产能力，全世界一共有13亿吨，中国正好占了50%，2007年我们生产了5亿吨钢铁，还有1.5亿吨的生产能力被闲置，大量的制造业生产能力也被闲置，开工率不足，降低了国民经济的效率。

第三个负面影响是，政府消费支出比重不断增加，助长了奢侈、浪费。在最终消费支出当中，政府占比在20世纪80年代是21.6%，20世纪90年代是24.2%，2001—2006年上升到

26.8%，2007年上升到27.3%，也是改革开放以来的最高水平。政府消费支出比重过大，进一步压低了居民的消费需求。

（2）造成目前居民消费率过低的原因有多个方面，我们要进行综合的、历史的分析才能找到症结所在。

第一个原因，城乡居民收入的增长速度与经济的增长速度不同步，这是制约居民消费增长的根本原因。1978—2008年，城乡居民收入的增长没有随着经济的增长而得到同步提高，因此广大居民有支付能力的消费需求不能随着经济的增长而同步增长。这是造成居民消费率低的一个根本原因。

第二个原因，城乡和地区个人之间收入差距不断拉大，制约着广大中低收入群体购买力的提高。居民收入占GDP的比例，到2008年不断下降，农村人均纯收入是城镇居民收入的30%。截至2008年，农村人口下降的比例充其量是转移出来2亿多人，现在还有7亿人口生活在农村，但他们只购买了1/5的商品，而城镇人口购买了4/5的商品。如果对各地区城乡居民收入进行对比，东部最高，其次是东北，再次是中部，最后是西部，西部的农民人均收入与东部的比是0.59：1。

第三个原因，外资企业通过各种手段转移了大部分利润，使职工收入和国家税收处于较低水平。外资对我们国家经济增长做出了重大贡献，在工业增加值里面占30%，在出口里面占58%，在高新技术产品出口里面占88%。我比较了两个企业，一个是华为，另外一个是某家外资企业。就销售额来看，华为年销售额700亿元，某外资企业的销售额是它的2倍，达到1400亿元；华为一年交了50亿元的税，这家外资企业一年只交1亿元的税；职工人数华为是6万人，这家外资企业是20万人；月工资华为平均是6000元左右，新去的大学生第一年到那儿能拿到四五千，而去这家外资企业一个月收入1000元左右。看得出来，外资企业对我国经济增长贡献很大，在某种意义上出口GDP也算到我们国内，但真正赚的利润大部分在外商的口袋里。

第四个原因，目前我国正处于重化工业和基础设施加快发展的工业化阶段，较高的投资率是经济发展的阶段性要求。我们的城市化率水平在不断提高，到2008年已经接近45%，大批的人口由农村转入城市，对基础设施的需求要求有一个较高的投资率。

2. 提高居民消费率是宏观调控的重大任务

提高居民消费率首先应当增加居民的收入，特别是提高中低收入者的收入和农民的收入。对国民收入分配结构要进行大的调整，在初次分配中要提高劳动报酬的比重，降低资本所得的比重，改变目前的初次分配资本所得偏多、劳动所得偏少的局面。

在再分配中要提高居民收入的比重，降低国家和企业所得收入的比重，要着重提高中低收入者的收入，扩大中等收入者的比重，逐步形成两头小、中间大的“橄榄型”的收入分配结构。按照国家统计局的定义，家庭年收入6万元至20万元算中等收入者，20万元以上的算高收入者，那么中等收入者和高收入者加在一起，到2020年能够占到我们城乡居民的50%以上，这样能够初步形成一个“橄榄型”的结构。扩大消费对经济增长的拉动作用，必须调整收入分配结构。中等收入者占多数以后，会对拉动消费增长起到重要作用。

我提一个设想，就是能不能用3年左右时间，通过采取综合性措施，把居民收入占GDP的比重和居民消费率分别提高10个百分点和15个百分点，分别达到53%和50%，接近改革开放以来最高水平的1985年的56%和52%。应当说这个目标通过努力，通过收入分配结构大的调整是可以做到的。如果实现了这个目标，我测算了一下，每年大体有5万亿元的商品，原本用于投资和出口转变为广大居民消费，就可以让全国居民的消费水平有一个较大幅度的提高。我们实现了这样一个调整，就可以实现发展方式转变的第一个转变，就能够真正地把科学发展观提出的以人为本的要求落到实处。

第一个措施是提高居民收入，其重点还是要放在提高农民的收入上。在改革开放初期，城镇居民的收入和农村居民家庭的人均纯收入差不了太多，最近几年差距越来越大，特别是城镇居民人均收入的绝对额已经是农村居民人均收入的3倍多了，城镇居民收入和农村居民收入如果以相同的速度提高的话，那么他们的差距会越来越大。因为农民收入增长3.3个百分点的绝对额，才相当于城镇居民增长1个百分点的绝对额，况且农民收入的增长速度还慢于城镇居民收入的增长速度，所以怎么样把农民的收入提高得快一点，就成为我们增加居民收入的重中之重。党的十七届三中全会已经指出了尽快提高农民收入的方向，就是加快农业劳动力向第二、三产业转移，加快农村人口向城市转移。现在农业的劳动生产率只有第二、三产业的劳动生产率的1/6，农业劳动力占全部劳动力的43%，农业的增加值占GDP的比例只有10%。

农民收入低，关键是劳动生产率低，没有创造出财富来，仅靠财政转移支付，靠支农作用，效果必然寥寥，所以从根本上来讲还是要提高农民的劳动生产率，而这又受制于土地的经营规模。现在一个农民平均只能种5亩地，按照现在的机械化条件，在平原地区一个劳动力可以种几百亩甚至几千亩，但是没有那么多地可种，所以劳动生产率不高，怎么办？要向集约化的方向发展，一个是提高单位面积的产量，另一个就是在劳动力转移的前提条件下推进土地的规模经营。

第二个措施是扩大消费领域，促进消费结构升级。2005年，城镇居民家庭恩格尔系数为36.7%，用于改善住、行条件和医疗、教育、通信、休闲等服务性的支出已经占消费支出的60%以上。农村居民家庭恩格尔系数也下降到45.5%。整体来看，中国居民的消费正在从温饱型消费向发展型消费过渡。马克思讲的三种消费类型为：生存型、发展型、享受型。在向发展型过渡时期用于教育、医疗、通信和休闲的消费支出，将会有一个较快的增长。

第三个措施是扩大消费信贷、完善社会保障体系。目前，我国消费信贷占整个信贷余额的比例是15%～20%。根据发达国家的经验，消费信贷的比重可以提高到占全国整个贷款的30%左右，所以还有很大的空间。以汽车消费来看，发达国家汽车消费80%都是靠消费信贷，中国现在只有8%。前些年刚开始搞汽车贷款时，少数人恶意逃避还贷，形成了一大堆不良资产，后来银行就收缩了汽车的消费贷款。现在通过建立居民个人的征信体系，建立担保制度，我相信消费信贷会有一个较大的增长。

第四个措施是调整投资结构，改善消费环境。与韩国、日本、美国比较，中国居民目前的消费结构用于食物的消费占比最高，在这样一个消费阶段，我国的消费热点或者说消费升级的增长点是要增加居民住、行的消费，即是以改善居民的居住条件和出行条件作为增加消费的重点。

第五个措施是整顿市场秩序，保护消费者权益。良好的市场秩序和服务质量是扩大消费的前提条件，要打击假冒伪劣商品，防止价格欺诈行为，让人民放心大胆地消费。三鹿奶粉事件使我国牛奶的生产受到了沉重的打击，到现在为止，我国牛奶的生产量才恢复到最高水平的80%左右。大量进口国外的牛奶，因为新西兰跟我们签订了自由贸易合同，新西兰的牛奶可以大量地占领中国的市场。

第六个措施是合理引导消费预期，倡导健康文明的消费方式。要鼓励节约型消费、无害型消费、发展型消费、文明型消费，避免炫耀型消费、跟风型消费与奢侈型消费。

3. 房市、车市、股市联动，促进消费持续、健康发展

房地产市场、汽车市场和股票市场，在现阶段是拉动我国经济增长的三大引擎，这三大市场之间相互联系，相互依存，相互促进。促进这三大市场稳定健康发展是提高居民消费率的关键。要研究这三大市场的内在规律，完善促进三大市场健康发展的相关政策，把促进三大市场联动发展作为当前扩大内需特别是扩大消费的战略重点。

（1）促进与保持房地产市场的持续繁荣。

改善住房条件是广大城乡居民的迫切愿望，在居民消费

意向调查中，改善住房条件总是排在第一位，住宅的产业链条长，对相关产业拉动作用大。2008年以来，城镇住宅价格涨幅下降，这是2007年国务院出台的关于稳定城镇住房价格若干政策意见的结果，符合广大消费者的意愿，也是保证住宅业长期健康发展的客观要求。我国住宅业的发展必须以满足居民，特别是中低收入者的住房需求为主要目标。实现党的十七大报告提出的“住者有其居”的要求，就应当把城镇住房价格控制在与广大居民收入水平相适应的合理水平上，不能通过炒作来提高房价，制造泡沫。很多地方政府收入的50%左右来自批租土地的收入，所以房价越高，批租土地的收入就越高，批租土地的收入成为地方政府的第二财政，因此这会助长地方政府抬高房地产的价格。2007年国务院出台的文件就明确了稳定城镇住房价格责任的主体在地方政府，要强化地方政府在稳定城镇住房价格方面的责任。在这方面我们应当吸取日本、中国香港的教训，日本和中国香港制造了房地产泡沫，当这个泡沫形成的时候，各个方面收入都增加，经济发展又快，大家都很高兴，一旦这个泡沫破裂了，它对经济的破坏性影响是非常大的。日本到现在的房价也只恢复到最高价格的50%左右，中国香港的房价也在恢复，远远没有达到价格最高时候的水平，所以企图通过制造房地产泡沫来刺激经济发展，实际上是饮鸩止渴。

我们应当学习新加坡、德国等稳定住房价格、保障广大居民住房需求的成功经验。过去我在国家计委政策研究室的时候，有幸作为国务院住房改革领导小组的成员研究过这个问题，我曾到日本、新加坡、德国、荷兰专门做过房地产的考察，通过比较，我觉得我们绝不能走日本、中国香港的路，而要学习德国、荷兰的经验。主要是德国的房价直到现在还跟“二战”后20世纪50年代的水平差不多，德国的住宅储蓄银行发挥了重要作用。当人一出生，就开始存一笔钱，每年存进去一部分，政府给予奖励，按3%左右的固定利率，到成人结婚的时候，需要买房子了，除了把你存的钱的本息全部还给你，另外还要给你增加一倍的贷款。住宅储蓄银行提供的资金相当于德国人买房子的费用的1/3。德国就是通过住宅储蓄银行稳定了房价，通过稳定房地产市场价格保持了整个市场的稳定，从而保持了整个经济的稳定。而且据他们介绍，德国的住房问题在欧洲是解决得最好的，住房水平也是比较高的。荷兰是把住宅的贷款和住宅保险结合起来，有一套完整的制度，已经运行了100多年，也是稳定住房的价格，即使家庭丧失了收入来源，仍然有房子住。这些国家住宅问题都解决得比较好，通过房地产价格的稳定来促进整个经济的稳定。我们应当学习他们的住房制度。所以国务院出台这个政策，用以稳定城镇住房价格的目标是正确的。

搞活房地产市场，重点应当是增加经济适用房的供给，廉租房的供给，也就是说保障型住房的建设，在这次扩大内需中，用政府国债的投入，在3年的时间内，要建设近1000万套保障型住房，这对拉动城市的住宅建设和建材工业的发展，活跃房地产市场能起到重要的作用。改革开放30年了，还有一部分人住在棚户里面，他们的住宅没有得到改善，有一部分游牧民也需要定居，所以通过建1000万套保障型住房使这部分人的居住条件得到改善，这也是全体人民共享改革发展成果的一个重要举措。另外，就是要搞活二手房市场，扩大住宅的租赁市场。现在我们经改革后的住房已成为个人的私有财产，但是这些住房进入市场还是有这样那样的障碍，我们可以通过搞活二手房市场，让收入比较低的年轻人先买旧房，然后随着收入水平的提高，再逐步扩大面积。另外，要扩大住房的租赁市场，我想最终还是要建立城乡一体化的住宅市场，这方面目前还没有突破，今天我们不妨将它作为一个问题来研究。城乡住宅市场分割大概就剩中国一个国家，城市人不可以到农村买房子，农民可以到城市买房子。韩国前些年实行一个政策，鼓励那些演员和城市高收入者到农村买房子，政府甚至给他们补贴，给予鼓励，为什么实行这个政策呢？因为他们到农村去了以后，把文明带到了农村。还有一个例子是德国，德国农村劳动力占全社会劳动力的比例只有1%~2%，但德国人70%住在小镇，城里人住到小镇以后，不仅把现代的生活方式、现代文明带到农村，而且他住到哪儿都会想办法把基础设施加以改善，把道路、供水、供电各个方面搞好，使高速公路、轨道交通与市区连接，上班的距离也不会太远。同时，这些人住到小镇和乡村以后，生活环境大大改善了，房价也降下来了。

咱们提出来的城乡一体化包括六个方面，分别是：城乡规划一体化，城乡产业发展一体化，城乡基础设施一体化，城乡公共服务一体化，城乡就业市场一体化，城乡社会管理一体化。我想，能不能还有一个城乡住宅市场一体化，作为第七个一体化，咱们可以就这样一个问题来探讨、研究，现在好多地方实际上已经有所突破。

（2）扩大轿车消费。

2008年我国人均GDP达到3200美元，标志着已经开始进入轿车消费大众化的时代。轿车进入家庭是多少代中国人的梦想！随着居民收入的增加和汽车工业的发展，到2009年，我国汽车销售已经成为全球最大的消费市场，2009年全年汽车产销双双突破1000万辆，我们看到越来越多的人圆了轿车梦，实在令人高兴。2008年下半年，受全球金融危机的影响，我们国内汽车销售量增速下降，应当说这是经历了连续几年井喷式增长以后的一个短暂休整，随着各项鼓励汽车信贷以及各项利好措施的出台，汽车销量的增加开始加快。汽车生产的利润只占整个汽车产业利润的10%，零部件的供应占20%，销售占20%，整个汽车的服务占50%，就是包括汽车的修理、加油、美容、保险、信贷等，汽车对整个社会的拉动作用，尤其对就业的拉动作用非常大，发达国家大概每6个就业人口里面就有1个人在汽车行业就业。所以可以说没有汽车就没有现代化，过去长期有人讲，汽车不适合中国，中国人应当骑自行车，我看你要骑自行车的话，人均GDP怎么能搞到一万美元？

鼓励汽车消费，第一个是扩大汽车消费信贷。前些年我们银行汽车信贷的呆坏账大量增加，因此汽车贷款萎缩。应当通过建立一个汽车贷款的信用体系，配合卫星定位系统，来为扩大汽车信贷创造条件。

第二个是改善汽车的使用环境。城市的发展规划应当考虑轿车进入家庭的新情况，新建商业区应当考虑停车场建设，国外的停车场的建设已经发展成为独立的行业，我国一些大城市应该及早引进相关技术和管理经验。国外地下停车场还有空中停车场建设的技术已经很发达了，所以我们要及早把城市的发展、住宅建设和轿车进入家庭统筹加以考虑。要减少对汽车消费不合理的收费，降低汽车使用成本。

第三个是鼓励购买电动汽车、混合动力汽车和中小排量的汽车。我们最近出台的汽车消费政策有了明确的规定，特别值得高兴的是，在电动汽车技术上，现在中国跟国外比，我们是很先进的，并不落后，深圳比亚迪搞了一个锂电池，申请了国际专利，一次充电可以行驶300公里，充电15分钟就可以达到负荷的80%，白天使用，晚上利用低价电来充电，电动汽车对城市没有任何污染，可以说是零排放，很有发展前途。

第四个是延长汽车的产业链，充分发挥汽车产业对就业和消费的带动作用，根据发达国家的经验，我们要从销售、维修、金融、保险、燃料、零部件、停车、洗车各个环节来发展上下游产业，为汽车的生产和消费创造条件，扩大经济社会效益。

（3）促进资本市场平稳健康发展。

随着我国证券市场的发展，越来越多的人拥有了财产性收入，证券市场尤其是股市的行情越来越多地影响着房市和车市，这跟香港和台湾一样。台湾股市一上升，消费马上就上来了，股市一下跌，消费也下来了。所以要促进资本市场的稳定、健康发展。我国资本市场的发展时间不长，发育不充分，许多运行机制还不健全，管理上缺乏经验，股市出现大的波动是难以避免的。为了保证股市的稳定、健康发展，一方面要加大基础性制度建设，另一方面要改善对股市的宏观调控，近几年政府有关部门在制度建设上已经做了大量的工作，也取得了成效，在对股市的宏观调控上还需要进一步把握规律，提高调控水平。一般来讲，可以通过对股市供求总量的调控来实现股市的稳定、健康发展，避免大起大落。当股市处在上升期的时候，为了避免过热，应适当增加供给；当股市处在下行期的时候，为避免跌幅过大，应适当增加需求。我们国家股票市场处在发展期，要进行总量的调控，认为政府对股市就是要不管、不干预，这个说法是不负责任的。要强化对股市的监督，要把对股市总量调控同行政干预区别开来，总量的调控不一定就是行政干预，要把这种调控作为政府的一项重要职责。要依法查处各种违法行为，促进股市的规范发展。要发展多层次的资本市场，及时推出创业板市场，培育壮大证券投资机构。完善多层次的资本市场，要实现专家理财和理性投资，壮大证券投资机构，使我国的资本市场真正发挥出对企业的评价优选功能，培育出具有国际竞争力的企业，同时使广大投资者能够分享到企业发展成果，不断增加财产性收入。要通过资本市场的稳定和繁荣来支撑房市、车市持续繁荣，努力使房地产业和汽车产业成为拉动国民经济长久不衰的支柱产业。

十三 提出自主创新的十种途径

总结我国国内企业的经验和自主创新的各种方式，我提出了提高自主创新能力的十种途径：第一，引进消化吸收再创新。第二，通过系统集成的方式创新。第三，原始创新。第四，通过技贸结合、国际招标提升自主创新能力。第五，通过国际兼并拥有知识产权。第六，在国外设立研发机构或委托国外研发拥有自主知识产权。第七，与国外合作进行研究开发，成果共享。第八，由国内设计国外制造，或者进口关键零部件在国内制造。第九，通过关键零部件和关键环节的创新突破，逐渐形成自主知识产权。第十，产学研结合。我还提出第三产业的创新，主要是业态的创新，即经营模式的创新。自主创新是实现产业升级的中心环节。

2008年中央经济工作会议强调，要更加注重推进自主创新。这既是党中央在复杂的经济环境中，推动经济社会又好又快发展的重要经验总结，也是实现产业升级、转变经济发展方式的关键环节。纵观世界近代史，每一次大的经济危机出现都会带来全球产业结构的调整，催生新的技术革命。2008年爆发的席卷全球的金融危机，有力地刺激了全球科技进步和新技术产业的兴起，为绿色经济的发展提供历史机遇。我们要战胜危机的影响，变挑战为机遇，就必须把自主创新摆在更突出的位置，以自主创新带动产业升级，增强国际竞争力。

1. 后危机时代凸显自主创新的紧迫性

这次全球金融危机给美国等经济发达国家带来重创。金融泡沫的破裂，造成了市场需求萎缩，全球贸易大幅下降，发达国家经济总量减少。各国一致采取了经济刺激政策和金融救助方案，避免了出现像20世纪30年代大萧条时的经济崩溃，2009年下半年全球经济出现了缓慢复苏迹象。但是，由于不良资产的消化还需要较长时间，占需求总量大部分的居民消费短期内难以恢复，科学技术上尚未出现大的突破，预计在两三年内全球经济都将处于低速徘徊状态。从历史经验来看，真正走出危机的影响，出现新一轮复苏和繁荣，有待于科学技术创新带来新的投资需求，从而形成能够带动产业结构升级的新的经济增长点。2009年哥本哈根世界气候大会通过的协议，在应对气候变化长期目标、资金、技术和行动透明度等问题上达成共识，对相关科学技术研究和产业发展提出了重大课题。目前各国政府和科学家、经济学家、企业家都在积极寻求对策，探索清洁生产技术和低碳经济发展道路。谁将在新一轮全球竞争中胜出，取决于在相关技术研发上的投入和将新技术产业化的速度。美国奥巴马总统提出的为期10年总投资达3万亿美元的新能源和低碳技术开发及产业化计划，表达了美国通过占领新的科技制高点，引领新一轮产业结构调整方向，继续保持科技和经济全球领先地位的愿望。欧盟、日本等发达经济体也纷纷制定相关规划，增加研发投入，支持相关产业发展。这是一个全球性的重大科技研发工程和经济发展战略，将对未来全球面貌和人类社会产生重大而深远的影响。

中国正处在工业化、城镇化加速推进阶段。为了追赶发达国家的经济发展水平，目前正致力于产业结构的优化升级，促进经济发展方式转变，努力使经济发展由主要依靠增加物质资源消耗转变为主要依靠科技进步、改善管理和提高劳动者素质，提高第三产业在国内生产总值中的比重。中国制定的“十一五”时期节能减排目标，到2010年使单位GDP的能源消耗下降20%，这相当于减少二氧化碳排放量15亿吨，从而为应对全球气候变化做出重大贡献。最近，中国政府又主动提出，到2020年，使单位GDP的碳排放量比2005年减少40%～45%，充分体现了中国作为负责任大国的形象。按照科学发展观的要求，中国还提出了建立资源节约型、环境友好型社会的发展目标，努力实现产业结构由能源资源密集型为主向资本、技术、知识密集型产业为主的转变，降低高耗能、高污染、资源型产业在国民经济中的比重，提高产品的技术含量和附加值，这就需要把提升产业技术水平、实现产业结构升级与新一轮全球产业结构调整的任务结合起来。也就是说，我们既要尽快缩小同发达国家现有产业技术和产业结构上的差距，又要赶上新一轮产业技术进步和产业结构调整的步伐，这对我国科技进步和结构调整提出了更为艰巨的任务。从当前来看，我国出口大幅下滑，而具有较高技术含量的新产品却能扩大出口，这充分证明了自主创新是应对危机的有效措施。实现产业技术进步和结构升级，引进技术和外资是一个捷径。但是，作为一个经济大国，经济的发展必须建立在以自主知识产权为主的技术基础之上，这是使我国人民能够从经济发展所创造的财富中更多受益的根本途径。况且，真正的核心技术、关键技术是买不来的，必须提高自主创新能力。党的十六届五中全会指出：要深入实施科教兴国战略和人才强国战略，把增强自主创新能力作为科学技术发展的战略基点和调整产业结构、转变增长方式的中心环节。党的十七大报告进一步强调：提高自主创新能力，建设创新型国家，是国家发展战略的核心，是提高综合国力的关键。这些论述充分体现了党中央对这一关系国家兴衰的重大问题的重视程度，全球金融危机的爆发证明中央在这一问题上的高瞻远瞩，进一步增强了提高自主创新能力、建设创新型国家的紧迫性。

2. 企业要把自主创新作为发展的核心战略

把科学技术转化为生产力，以自主创新带动产业升级，关键在于企业。必须增强企业的自主创新能力，形成以企业为主体、市场为导向、产学研结合的技术创新体系。因为企业最了解市场需求，能够按照市场需求开发新产品并迅速投放市场，使研发投入较快地取得回报。企业最了解行业技术进步的最新动态，能够把基础研究和应用研究的成果迅速转化为新的生产技术。以企业为技术创新的主体，可以从根本上解决我国科技与经济两张皮的体制问题。在发达国家，科研人员分布和科研资金投入的70%都集中于企业。党的十七大提出，要鼓励创新要素向企业集聚，抓住我国科技体制中的要害问题，为增强企业自主创新能力指出努力的方向。

近几年，我国企业的研发投入有了较快的增长，从2004年到2008年，规模以上工业企业研发经费支出年均增长29.2%，但与党的十七大报告提出的要求相比，还有相当大的距离。2008年，我国从事科技活动的科学家和工程师，企业仅占57.6%；规模以上工业企业中，有研发活动的仅占6.5%，研发经费支出仅占企业主营业务收入的0.61%；在大中型工业企业中，上述两个比例分别仅为24.9%和0.84%。技术引进经费支出与消化吸收经费支出的比例，规模以上工业企业为3.8∶1，大中型工业企业为4.1∶1。大中型工业企业新产品销售收入占主营业务收入的比例仅为6.7%。这些情况说明，我国工业企业对技术研发的重视程度虽然有所提高，但尚未真正走上以技术进步求发展的道路，仍然停留在重引进、轻消化的状态。这对于后危机时代国际竞争加剧和科技进步面临新突破的形势，是很不适应的。实践证明，在技术研发上，有一分投入就会有一分回报，投入越多，回报越丰厚。近些年，我国已有不少企业通过自主创新走上了快速发展的道路，成为国内外市场上的佼佼者。如华为公司，每年研发投入占营业收入的比重达10%，如果完不成这个指标，年终就作为一个重大问题来查找原因。2008年华为研发投入达70亿元，申请国际专利1600多项，在全球企业中排第一位。自主创新增强了企业的竞争力，在2008年全球电信装备市场大幅滑坡的情况下，华为的销售收入增长30%以上。华为员工平均年龄只有27岁，科研团队都是来自国内各大学毕业不久的学生。华为的成功证明，我国企业具有巨大的技术创新的潜力，关键在于企业要制定一个以自主创新为核心的发展战略，舍得在研发上加大投入，善于组织科研队伍攻关。只要锲而不舍，就一定能成功，不论外国有或没有的先进技术，我们都能够创造出来。

我国国有企业特别是中央所属企业，资金雄厚、人才济济，站在各个行业技术的前沿，理应成为自主创新的主力军。为此，应改进对央企的考核标准，建立技术成果评价制度，把企业无形资产的增值纳入考核范围，以激励企业增加研发投入，提高企业资产的有机构成。如果全国100多家央企都能像华为那样重视技术研发，我们就能从根本上改变技术落后特别是缺乏核心技术的局面，实现以技术创新带动产业升级和发展方式转变的战略目标。

3. 完善鼓励自主创新的政策和社会环境

2006年国务院颁布的《国家中长期科学和技术发展规划纲要（2006—2020年）》，明确了到2020年科技发展的目标、任务和战略重点，各部门围绕落实纲要出台了70多项配套政策，对鼓励自主创新发挥了重要作用，但仍存在不少问题。据有关部门调查，一些政策落实困难，如“技术开发费150%抵扣所得税”政策，仅有38%的企业享受到，有19%由于部门协调不够未能享受，还有19%的企业根本不知道有该政策。应对各项政策的实施情况进行一次全面检查、总结，使之进一步完善，需要调整的应及时调整。对那些企业利用程度不高的政策，应探究其原因，改进实施办法，以扩大政策效应。应针对战略性新兴产业的技术研发，实行特殊的扶持政策，尽快取得突破，以占领世界科学技术和产业发展的制高点。进一步完善鼓励自主创新的政策和社会环境，关键是要完善高新技术产业化的风险投资机制。地方政府应运用自己的财力，建立对高新技术企业的投资鼓励和贷款风险担保贴息制度，形成一个有利于技术创新和技术成果产业化的良好的政策环境。深圳市在这方面提供了经验。改革开放以来，深圳的经济发展成功实现了由外资企业为主向内资高新技术企业为主、出口由加工贸易为主向一般贸易为主的转变，关键在于构建了鼓励自主创新的政策和社会环境。深圳市政府出资兴办的风险投资公司和贷款担保公司，专门对处于起步或爬坡阶段的高新技术企业予以扶持，现在深圳发展起来的具有一定规模的高新技术企业，90%以上在成长的关键阶段都得到过这两家公司的支持。这两家公司也在支持高新技术企业发展中扩大了经济规模，进一步加大了对企业的扶持力度，同时还带动了民营风险投资公司和贷款担保公司的发展，全市兴办了200多家风险投资公司，一度占全国风险投资公司总数的70%以上。正是这样一种激励创新的市场机制的形成，才促进了深圳高新技术产业的发展，创造了深圳奇迹。这一成功实践给予了我们巨大的启示，就科技创新资源来看，深圳远不是全国最好的，在全国的大城市中，有许多城市的科研院所、大学和科技人才的数量远超过深圳，如果这些城市能够像深圳一样，营造一个鼓励扶持创新的政策环境，完全有可能在一个较短时间内再造出十几个像深圳这样的创新型城市。如果各个城市都有自己的长项，在一两个产业技术领域达到世界先进水平，那么，党的十七大提出的建设创新型国家的战略目标就有了可靠保证。2009年创业板的推出，为高新技术企业的发展提供了一个新的融资渠道。美国的纳斯达克市场为美国培育了一大批高新技术企业，像微软这样的全球软件行业的龙头老大，就是依托纳斯达克市场迅速膨胀起来的。我们期望中国的创业板市场能学习借鉴纳斯达克的经验，在优选和支持中国高新技术企业发展中发挥助推器的作用。

在实践中，我们还要把扶持创新与扶持创业结合起来。最近几年，一些地方政府在鼓励自主创业、以创业带动就业方面出台了一系列政策，对于企业等市场主体的增加发挥了显著成效。由于新办企业和个体经营户的数量迅速增加，就业矛盾大大缓解，为本地经济发展注入了活力。

十四 提出把无形资产的增值列入对国有企业资产保值增值考核的范围之内

国有企业集中了大批创新人才，站在行业技术进步的前沿，应当成为自主创新的主力军。但是，由于对国有企业资产保值增值的考核中，只看有形资产、不看无形资产，企业研发的专利和技术成果不计入考核范围，打压了企业研发投入的积极性，助长了企业经营决策的短期行为。为此我到企业进行了调研，写了不少文章呼吁改善对国有企业的考核指标体系，还在全国政协做了专门提案。最终这件事引起国有资产管理部门的重视，制定了关于鼓励国有企业增加研发投入、发挥在自主创新中的骨干和带动作用的若干意见，把企业创造的技术专利等无形资产纳入资产保值增值的考核范围。

十五 提出了加快“走出去”的必要性、海外投资重点和协助解决商业银行外汇贷款资金来源问题

中国经济长远发展面临两大约束，一个是能源资源的瓶颈约束，另一个是技术的瓶颈约束。中国有高额的外汇储备，要提高外汇储备的安全性和使用效益，一个重要方向是通过扩大海外投资，把外汇储备的一部分或大部分转化为资源储备和实物储备。在应对2008年金融危机的冲击中，我提出要把我国的巨额外汇储备和过剩生产能力结合起来，形成优势，通过资本输出带动商品、劳务输出，把优势发挥出来。扩大海外投资，有利于创造出口需求，打破能源资源瓶颈，有利于提高自主创新能力和国际经营能力，推进人民币的国际化，从而实现多重目标。通过海外投资创造出口需求，至少可以从五个方面来实现：一是通过扩大对海外能源、资源的投资，带动我国勘探开发设备的出口，同时又能够满足我国对能源、资源的需要。二是通过扩大海外加工贸易，带动我国制造业“走出去”，带动零部件的出口。三是通过扩大对发展中国家的经济援助，带动我国设备和劳务出口。四是通过增加对机电产品出口的买方信贷，扩大我国机电产品的出口。五是通过扩大人民币双边互换，使那些想购买中国商品，但是又缺乏支付能力的国家，以人民币购买中国商品，以能源、资源来偿还贷款。我还提出通过扩大国际并购，拥有国外企业的创新资源和国际营销网络，提升国内企业的国际竞争力。这些观点具有很强的现实意义和可操作性。

过去，商业银行向企业提供外汇贷款，需要到央行的外汇市场用人民币购买，由于人民币正处于升值趋势，美元处于跌势，商业银行需要承担汇率损失，因此缺乏购汇和提供外汇贷款的积极性。针对这一问题，我做了一个课题研究，建议央行放开对商业银行的外汇贷款额度。经时任工商联主席黄孟复和我反复向央行和国务院领导同志汇报，最终得到解决。取消商业银行的外汇贷款额度之后，企业海外投资出现了井喷式增长。

十六 全球金融危机为我国经济发展带来三大机遇

2008年下半年，全球金融危机使我国出口市场萎缩，对国民经济增长带来严重影响。如何在全球金融危机中化挑战为机遇，变压力为动力？2009年初，我撰文提出了金融危机为我国发展带来三大机遇：一是国际并购的机遇，二是扩大内需特别是扩大消费的机遇，三是人民币国际化的机遇。这些观点和建议体现了辩证思维方式，不仅起到了增强信心的作用，而且转化为宏观经济政策。

十七 提出了把通胀压力转变为产业升级动力的政策建议

进入2011年，经济运行面临着通货膨胀压力。如何在保持物价总水平基本稳定的前提下，引导流动性过剩的资金，实现经济平稳较快增长，是“十二五”开局之年面临的严峻挑战。在分析的基础上，我提出了通过重视“菜篮子”工程以降低农产品价格，通过重视保障房建设以降低房价，通过海外投资以降低进口铁矿石价格。通过增加有效供给，抑制几类上涨过猛的商品价格是完全能做到的。同时，通过合理引导资金投向，把过剩资金引导到产业升级所需要的方向上来，包括资本市场、战略性新兴产业、公共服务、基础设施、农业现代化、第三产业和海外投资等方面。只要努力朝这个方向调控，就有可能在稳定物价的同时保持经济的较快增长。

十八 创立了现代政策学新学科

随着经济的发展，中国迫切需要新的理论体系进行支撑，需要适应市场经济的新学科，对中国计划体制改革、政策研究和发挥市场配置资源的基础性作用进行科学总结和理论指导。20世纪90年代，我主编的《现代政策研究全书》，推动现代政策学成为一个新的独立学科。政策是中国共产党夺取政权和长期执政的重要手段，是成功的法宝。尽管政策对党来说如此重要，但由于对政策学的研究和理论体系始终落后于实践，政策学未能像法学那样成为一个完整的学科。基于30多年从事政策研究的实践，我从理论上对政策学进行思考，为推动政策学作为独立学科问之于世做出了重大贡献。我组织中国从事政策研究的人，从政策研究基本理论、政策研究方法论、政策研究基础、政策研究层次论、政策研究部门论、国内外政策研究机构概述、国内外政策研究的实践等方面进行了全方位的研究，使新中国第一次有了完整的政策研究理论体系，为之后我国的政策研究奠定了坚实的理论基础。

十九　创新淮河经济带发展战略研究

为支持淮河流域发展，造福一方，我组织各方力量对淮河经济带发展战略进行研究。前后用了3年的时间，从淮河头走到淮河尾，经过大量调研，反复论证，最终形成的研究报告《把加快淮河生态经济带建设作为我国扩大内需的重要战略支点》获得了国务院领导的重要批示。这项研究开创了多个“第一”：第一次在课题研究上对淮河全流域进行研究，提出治理建议。过去对淮河发展的研究，都是各部门、各地方分别进行，这次是第一次以民间力量把农业、水利、工业、交通、旅游等行业有效衔接，组织河南、安徽、江苏三地发改委一起共同研究，打破了部门、地区各自为战的状况，综合各方面研究力量，有效地形成了合力。开创了全流域研究的先河，为其他流域发展研究提供了宝贵的经验和借鉴。针对过去主要从防汛角度来研究治理淮河，第一次从发展角度进行淮河流域研究。对中国流域发展模式进行了创新，报告提出把淮河建成继长江、珠江后的第三条出海黄金水道，把淮河经济带建成继珠三角、长三角、环渤海之后的第四个增长极。这些建议为淮河的开发利用和淮河经济带的发展描绘了美好蓝图，提出了切实可行的政策措施。在我的积极协调下，皖豫苏三省政府联合向国务院呈送了关于淮河经济带开发建设的报告。2018年10月6日，国务院正式批复国家发展和改革委员会关于《淮河生态经济带发展规划》。

二十　两个建议为中央采纳，产生了重大经济效益和国际影响

《确保今年8%增长速度存在的问题和建议》和《关于设立由我主导的亚洲基础设施投融资机构的建议》两篇报告，是把研究成果转变成国家决策的重要体现。

为了应对1997年亚洲金融危机对中国经济的影响，我在1998年4月写了《确保今年8%增长速度存在的问题和建议》报告，提出通过发行国债，集中用于基础设施建设，扩大内需，扭转中国经济通货紧缩的走势。报告建议经国家计划委员会呈报国务院，得到中央采纳。同年4月，国务院决定增发1000亿元十年期长期建设债券，同时银行配套贷款1000亿元。该项政策连续实行五年，做了六件大事：农村电网改

造、城市基础设施建设、高速公路建设、长江干堤加固、国家粮库建设和扩大大学生招生所需的设施建设。这不仅办了多年想办而未能办成的事，支持了当期经济平稳较快发展，而且为之后十年出现高增长、低通胀的黄金发展期奠定了坚实的基础。

2009年3月，我在亚洲博鳌论坛上提出建立亚洲基础设施投资银行（以下简称“亚投行”）和亚洲农业投资银行的建议。2013年7月我又写了《关于设立由我主导的亚洲基础设施投融资机构的建议》，经中国国际经济交流中心报送党中央和国务院，得到中央领导人的高度肯定。2013年10月，习近平主席在雅加达同印度尼西亚总统苏西洛举行会谈时，宣布中方倡议筹建亚洲基础设施投资银行。建立亚投行的主要目的是援助亚太地区国家的基础设施建设，促进亚太地区互联互通建设和经济一体化进程。2014年10月24日，中国、印度、新加坡等21个首批意向创始成员国的财长和授权代表在北京签约，共同决定成立亚洲基础设施投资银行（AIIB）。2015年6月29日，亚投行的57个意向创始成员国代表在北京出席了《亚洲基础设施投资银行协定》签署仪式。中国以297.804亿美元的认缴股本和26.06%的投票权，居现阶段亚投行第一大股东和投票权占比最高的国家。亚投行的设立，是人民币走向国际化的关键一步，改变了中国在世界经济中的地位，是中国国际地位提升的一次重要成果，是改变全球国际治理格局务实的一步。有评论认为亚投行的建立，是中国做出的最富有智慧的举动。著名经济学家斯蒂格利茨对亚投行的建立给予积极评价，认为2015年将开启中国金融时代元年。

二十一 提出建立舟山群岛自由港区

在国务院批准设立舟山群岛新区后，如何使舟山的优势得到充分利用？受浙江省政府和舟山市政府委托，我组织课题组对舟山群岛进行了认真调研。我认为，建立舟山群岛新区对于打造国民经济发展的新增长极、构筑我国扩大对外开放的新平台、为全国海洋经济科学发展提供示范、提高国家战略资源安全的保障能力具有战略意义。对舟山的建设提出分三步走，首先完善舟山群岛保税区，然后建设自由贸易区，再建成自由港区。国务院批复的舟山群岛新区发展规划中，第一次提出建设自由港区的目标，这是我国对外开放政策的新突破，是对邓小平提出的“再造几个香港”设想的具体落实。研究报告还提出了建设环杭州湾第二大通道，从上海奉贤起，经舟山的大洋山、岱山、舟山，到宁波的公铁两用大桥，实现环杭州湾区域内水铁、水陆零对接，使舟山深水港优势充分发挥，把舟山建成国际物流枢纽。研究报告提出在大、小余山建设大型绿色石化基地。经过进一步论证，我提出重点发展国内市场短缺的石化产品以顶替进口，在绿色石化基地等项目建设中充分发挥浙江民间资本力量。这些建议都被写入了国务院发展规划，有些已付诸实施。

二十二 提出城乡一体化是最大新动能

我国经济在经历了40年的快速增长后，遇到了新的矛盾和问题，突出的是产能过剩、经济下行、动力不足。如何通过深化改革，形成新的经济增长动能，实现经济的持续健康发展，成为当前从理论认识到政策措施上亟待解决的问题。

1. 经济结构转换是形成新的发展动能的源泉

在经济发展的过程中，必然伴随着经济结构的转换，从而不断释放经济增长的新动力。如果因为体制僵化，阻碍结构转换，不能释放新的发展动力，经济增长就必然减缓甚至停滞。中国改革开放以来之所以能创造经济奇迹，关键在于通过不断深化改革，推动经济结构经历了四次大的转换。

第一次结构转换，是20世纪80年代推行土地家庭联产承包责任制并伴随乡镇企业崛起，带动了国民经济的起飞。改革激发了蕴藏在几亿农民中发展经济、摆脱贫穷的巨大潜能，农业劳动生产率和土地产出率大幅提高。同时，针对工业消费品极度匮乏的状况，通过发展乡镇企业，满足市场需求，仅用十几年时间，就一举解决了困扰我们几十年的短缺经济问题。这次结构转换的特征是农产品、轻纺工业产品供给的大幅度增加，使最终消费品在社会总产品中的比重迅速提高，改变了长期以来经济结构“重重轻轻”和农业发展滞后的扭曲状态，从而释放出巨大的发展动能，既满足了市场需求，又拉动了经济快速增长。

第二次结构转换，是20世纪90年代提出建立社会主义市场经济体制和建立现代企业制度，带动了四大支柱产业振兴，实现了经济的腾飞。1993年党的十四大提出了建立社会主义市场经济体制的改革目标，党的十四届三中全会做出了具体规划，以企业为主体建立市场经济体制的改革激发了经济活力。同时，“九五”计划提出振兴电子机械、石油化工、汽车制造、建筑业四大支柱产业，使之在国民经济中的比重由8%迅速提高到25%以上，改善了居民的居住和出行条件，降低了电子机械、石油化工产品对进口的依赖。在工业结构中，重工业的比重由50%左右提高到70%以上，重工业的快速发展成为拉动经济增长的主要动力。

第三次结构转换，是21世纪的第一个十年，通过发行长期建设债券，主要用于基础设施建设，使国民经济出现了长达10年两位数的黄金增长期。仅用十几年时间，我国高速公路、高速铁路的通车里程就跃居世界第一位，网络规模居世界第一位，大学招生人数增长10倍以上，经济总量从全球第六位上升到第二位，并为经济的持续增长奠定了坚实基础。

第四次结构转换是21世纪的第二个十年，围绕转变经济发展方式，调整需求结构，经济增长从主要依靠投资和出口向消费、投资、出口协调拉动转变，重点扩大消费对经济增长的拉动作用；调整产业结构，大力发展第三产业，第三产业已经成为经济增长点；调整要素结构，经济增长从主要依靠增加物质资源消耗向主要依靠技术进步、改善管理和提高劳动者素质转变。三个方面的转变已经取得明显成效，正在推动经济向高质量发展的方向转变。

实践证明，在经济发展的不同阶段，结构转换面临着不同的任务和要求。只有遵循经济发展的客观规律，从经济发展的内在要求出发，打破思维定式和体制禁锢，为结构转换创造良好的政策环境，把社会资金引向结构调整所需要的方向，才能把经济持续健康发展的局面继续保持下去。

2. 推进城乡一体化将释放出巨大的新动能

2015年，我国人均GDP已达8000美元，距离跨入高收入国家行列即人均GDP1.2万美元还有一个大台阶。许多国家在这个台阶前徘徊了几十年，落入了中等收入陷阱。我国能不能顺利跨上高收入台阶，是对中国共产党执政能力的考验，是对中国特色社会主义市场经济体制活力的考验。从国际经验来看，凡是进入高收入行列的国家，有一个共同特点，就是成功地解决了城乡二元结构问题，第一、二、三产业的劳动生产率大体相同，城乡居民收入基本拉平。凡是落入中等收入陷阱的国家，也有一个共同特点，就是城乡发展差距明显存在，长期得不到解决。当前我国经济社会发展存在的诸多矛盾中，城乡发展差距大是最为突出的主要矛盾。这个矛盾决定和影响着其他矛盾。诸如区域发展差距的矛盾，本质上也是城乡发展差距的反映。中西部的城市与东部的城市相比，没有什么差距，主要是中西部农村落后于东部的农村。全国城乡居民收入之比为2.7：1，浙江省为1.7：1。在全国城乡差距如此之大的情况下，要想跨入高收入国家行列，是很难做到的。

2016年4月30日，习近平总书记在中央政治局集体学习时就城乡一体化问题发表了一个重要讲话，提出要努力实现

"城乡居民基本权益平等化，城乡公共服务均等化，城乡居民收入均衡化，城乡要素配置合理化，以及城乡产业发展融合化"[①]。这个"五化"的提出，应成为推进城乡一体化的重要目标和指导原则。当前，应重点抓住农业现代化、新农村建设、农民工市民化、特色小镇建设这四件事，带动城乡一体化的改革发展。党的十九大提出社会主要矛盾转变为人民对美好生活的需要同不平衡、不充分发展之间的矛盾。这个主要矛盾集中体现在城乡之间发展的不平衡和农村发展不充分。按照党的十九大提出的城乡融合发展战略，实现乡村振兴，是未来一个时期结构调整面临的主要任务，标志着改革开放以来第五次结构大调整已经开始。

劳动生产率低、缺乏国际竞争力，是我国农业存在的突出问题。发展集约化、规模化、专业化、社会化大农业，提高农业供给效率，是农业现代化的当务之急。由此将释放出对农用生产资料和服务业的巨大需求，拉动农机、化工等农用工业和服务业的发展。农业现代化对水利事业的发展也将提出巨大需求，由此将拉动水利建设的投资。

新农村建设已经取得了很大成就，但与城市相比，基础设施、公共服务落后的问题仍十分突出。结合村庄整治和新型社区建设，加大对农村基础设施建设投入，可释放对建材工业的巨大需求，逐步使农村成为美丽、宜居、令人向往的地方。

全国目前共有2.8亿农民工，6000万留守儿童、4300万

① 习近平：《健全城乡发展一体化体制机制，让广大农民共享改革发展成果》，新华网，2015年5月1日。

留守妇女、4000万留守老人，共4.23亿人口处于全家分离状态。实现全家团圆是他们的梦想，也是把农民工培养成高素质的产业工人队伍的需要。通过提高户籍人口的城市化率，为农民工及其家属提供城市保障房和公共服务，将释放巨大的城市住房、基础设施和公共服务需求，成为拉动经济增长的强大动力。

除了城乡一体化之外，当前我国经济中还有一些新动能亟待释放。我国公共产品供给短缺，通过推行PPP模式，运用财政投融资和政策性金融，引导银行贷款和社会投资，发展交通、通信、环保、教育、医疗、市政、养老、文化、旅游等事业。通过全面推行“营改增”税制改革，鼓励第三产业发展，能够使第三产业继续保持快速增长势头。积极实施鼓励大众创业、万众创新的政策，以自主创新带动产业升级，正方兴未艾。当然，这三个方面与城乡一体化相比，显然城乡一体化是能量最大的新动能，调整城乡结构是我国经济发展进入新阶段的历史性要求。如果说改革开放以来已经历的前四次结构转换及时为经济发展注入了新动能的话，那么，蓄势待发的以城乡结构调整为主要内容的第五次结构转换，必将为未来十几年经济的持续健康发展提供强大的新动能。

城乡结构调整需要改革来推动。习近平总书记指出，改革要“精准对接发展所需、基层所盼、民心所向”[①]。推进城乡一体化改革，正是精准对接发展所需、基层所盼、民心

① 引自2016年7月23日《人民日报》。

所向的重大改革举措。按照党的十八届三中全会部署，当前推进城乡一体化改革的重点应当包括以下内容：

一是落实农户对土地的法人财产权。农村土地公有制如何同市场经济相融合，是建立社会主义市场经济体制必须解决的重大课题。党的十四届三中全会提出赋予国有企业对所占有的国有资产以法人财产权，使国有企业成为独立经营主体，从而实现了国有经济与市场经济的融合。同样，赋予农户对所占有的承包地、宅基地以法人财产权，就可以在不改变土地公有制性质的前提下，使土地的用益物权成为可以转让、整合的商品，从而为发挥市场对土地资源配置的决定性作用创造条件。为此，需要对农户的承包地和宅基地进行确权颁证。农户有了对土地的法人财产权，能够从法人财产权的出让中获得财产性收入，就会根据机会成本选择自己经营土地或转移经营权，从而为土地经营权向合作社、农业公司、种田能手集中，发展规模化经营创造条件；进城农民在农村闲置的宅基地及其房产，就能从市场交易中获得财产性收入，从而为建设用地的集约节约利用和优化配置建立起一个有效的市场机制。

二是建立全国城乡统一的建设用地市场。2016年2月2日国务院8号文《国务院关于深入推进新型城镇化建设的若干意见》，提出了“全面实行城市建设用地增加和农村建设用地减少相挂钩的政策”，这是对党的十八届三中全会有关农村土地制度改革精神的具体贯彻落实。在工业化、城市化过程中，由于有大批劳动力从农业转移到第二、三产业，大批人口从农村转移到城镇，必然伴随着城市建设用地的增加和农村建设用地的减少。同时，由于城市土地利用的集约化程度高，单位建设用地所容纳的人口，城市比农村高3倍多，这就必然带来建设用地的节约和耕地的增加。根据测算，全国现有2.5亿亩宅基地，如果能够实现宅基地及房产的商品化，可减少农村建设用地50%以上。所有发达国家的经验也证明，在城市化过程中，耕地是增加的。我国正处在人类历史上规模最大的城市化过程中，城乡建设用地的增减调整政策应当与这一进程相适应。特别是劳动力的流动是全国性的，沿海地区吸纳了大部分中西部农村富余劳动力。只有建立全国城乡统一的建设用地市场，在全国各地城乡之间进行建设用地的调整，才能使农村因减少人口而闲置的建设用地及时退出，用以满足城市新增人口对建设用地的需求，抑制房价上涨。退出农村建设用地所获得的财产性收入，用于在城市购置住房，不动产随人口的流向实现空间和价值形态上的转移，唯有如此，生产关系的调整才能称得上适应了生产力发展的要求，否则，就是阻碍生产力的发展。因此，建立全国城乡统一的建设用地市场，势在必行，刻不容缓。重庆地票市场的试验是成功的，如能扩展到全国，必将取得巨大的宏观经济效益和社会效益。

三是打开城乡资本市场之间的堰塞湖。长期以来，由于城市的各类生产要素已经市场化，而农村的生产要素特别是土地、房产等还没有市场化或处于半市场化状态，城市市场对农村市场就产生了一个虹吸效应，农村的土地、劳动力、资本等资源源源不断地流入城市，而城市的资源却流不进农村，长期单向流动的城乡市场，是城乡发展差距不断拉大的根本原因。一个突出的现象是，城市的资本大量过剩，房价一涨再涨；而农村的资本严重短缺，房价便宜得难以想象。如能以农民对土地的承包权、宅基地的使用权和集体经营性建设用地的经营权为质押，在“十三五”期间，撬动银行贷款和社会投资20万亿元，投入农业现代化、新农村建设和农民工市民化，农村面貌将发生巨大变化，不仅能为2020年实现全面小康提供保障，而且将有助于避免落入中等收入陷阱，到2022年进入高收入国家行列。

四是为进城落户农民提供与市民同等的公共服务。重庆市近几年已有300多万农民进城落户，市政府为进城农民送了一笔“安家费”和五件“新衣服”，即退出宅基地拿到一笔钱，进城后可以享受到市民的养老保险、医疗保险、住房保障、子女入托入学政策和市民所有的公共服务。重庆作为一个西部山区城市，财力并不宽裕，尚且能够为农民工市民化做这么多好事，沿海城市财力比西部雄厚，农民工为本地经济发展做出了重大贡献，理应拿出一定财力支持农民工市民化，不能把为农民工提供住房和社会保障当作一种包袱，甩给农民工输出地。沿海城市要增强竞争力，也必须有一支稳定的具有较高素质的产业工人队伍，把农民工留下来，是本地经济持续发展的需要。

3. 加快城乡一体化需要厘清的几个认识误区

党的十八届三中全会提出了城乡一体化改革发展的理论和部署，关键是要把各级干部的思想认识统一到《中共中央关于全面深化改革若干重大问题的决定》（以下简称《决定》）的精神上来，并不折不扣地贯彻落实。当前，需要厘清几个认识上的误区。

必须破除农村土地“两权分离”是搞土地私有化的认识误区。恰恰相反，由于找到了土地公有制的有效实现方式，使之与市场经济相融合，从而能够更好地坚持农村土地的公有制。确认农户对土地的法人财产权，把耕地的所有权、承包权、经营权分离，农户凭借对土地的承包权，可以获得经营权转让的财产性收入。中部有些农村把每亩地年转让费定为1000斤小麦的市场价，很有创意。宅基地使用权转让，按照重庆的交易价格为每亩20万元左右。这里所转让的是用益物权，不是所有权，所以土地的公有制性质不变。

必须破除城市资本下乡是掠夺农村资源的认识误区。恰恰相反，只有确认农村资源的市场化地位，才能使农民分享到城市化过程中不动产增值的财产性收入。按照市场经济规律，生产要素总是朝着获利较多的地方集聚。农村生产要素有了交换价值，才能吸引资本进入。资本又是要素流动的龙头，资本流向农村，其他生产要素就会随着进入农村，从而推动农村经济社会的发展。

必须破除城乡一体化会冲击18亿亩耕地红线的认识误区。恰恰相反，实行城市建设用地增加和农村建设用地减少相挂钩的政策，可以减少农村宅基地的浪费，根据经验，退出的宅基地至少40%可以用于增加耕地。至于占好补劣等问题，可以通过建立耕地质量监管等制度加以解决。

必须破除解决三农问题主要靠财政投入的认识误区。恰恰相反，只有通过建立城乡一体化的市场机制，吸引大批社会资金和银行贷款进入，才能迅速改变农业农村的落后面貌。目前，用于三农的支出占财政支出的比重已达10%，财政对三农的支持已经尽了很大的力。应当把对三农的财政支持方式由补贴为主改为引导为主，发挥财政资金四两拨千斤的作用，引导更多的社会资金和银行贷款投入农业农村发展。

二十三　中国能够避免落入中等收入陷阱

2015年我国人均GDP已达8000美元，跨入人均GDP1.2万美元的高收入国家行列，尚需要迈上一个大台阶。从国际经验来看，这是一个难度较大的台阶，不少国家在这一台阶前徘徊多年也未能跨上去。我国能不能顺利跨越这道门槛，是对中国特色社会主义市场经济体制和中国共产党执政能力的考验。按照党的十八届三中全会《中共中央全面深化改革若干重大问题的决定》要求（以下简称《决定》），聚焦于三项重大改革，释放三方面的巨大潜力，形成三大经济增长引擎，足以驱动中国在2022年左右跃升为高收入国家。

1. 推动城乡一体化，破除认识误区

分析正反两方面经验，所有进入高收入行列的国家，都是在基本消除城乡发展差距之后，而所有落入中等收入陷阱的国家，城乡发展差距大是其显著特征。韩国在40多年工业化过程中，城乡收入比始终保持在1：0.9左右。其主要原因有两点：一是从20世纪70年代开始，成功实施了新农村建设

运动；二是农民通过出让土地分享到了城市化过程中土地增值的财产性收入。我国目前城乡收入比为2.7∶1，城乡二元结构特征明显。这既是跨入高收入国家的主要障碍，也是当前经济增长的主要潜力所在。造成城乡发展差距大的主要原因有三：一是城乡居民财产权和户籍权益不平等，制约着农民收入水平的提高。城镇居民的房地产已经商品化，但农民的房地产仍然非商品化，这使农民分享不到城市化过程中不动产增值的收益，这是城乡居民收入差距拉大的重要原因。农民工尽管为其所在城市做出了重大贡献，但其农村户籍使其分享不到附加在城市户籍上的各种公共服务。二是城乡市场之间存在的政策壁垒，严重阻碍了生产要素的双向自由流动和农业劳动生产率的提高。农村的劳动力、资金、土地等可以源源不断地流入城市，而城市的资本、人才、技术流不进农村。三是政府公共服务和基础设施投资的重点在城市，城市越建越漂亮，与农村形成巨大反差。

党的十八届三中全会《决定》对农村承包地、宅基地、集体经营性建设用地管理体制有了重大突破，允许其用益物权抵押、担保、转让。粗略计算，仅承包地的经营权转让，每年可获得转让费1万多亿元；宅基地的总价值达50万亿元。若以这三块地为质押，在“十三五”期间撬动银行贷款和社会资金20万亿元，投入农业现代化、新农村建设和农民工市民化，在城市资本堰塞湖上炸开一道缺口，必将产生瀑布效应。耕地经营权的流转有助于发展集约化、现代化农业，对农业机械等农用生产资料提出更多需求，并能吸引高素质劳动力从事农业经营，从而大幅度提高农业劳动生产率，使农民收入增加。新农村建设将改变农村生活条件和生态环境，使农村变得比城市更宜居、更漂亮，并将对建材、家电、汽车等提供新的巨大市场。农民工市民化将为城市建设和服务业发展带来巨大需求。必须认真落实习近平总书记提出的逐步实现“城乡居民基本权益平等化、城乡公共服务均等化、城乡居民收入均衡化、城乡要素配置合理化”的要求，推进城乡一体化改革发展，使农村面貌有一个大的变化，城乡居民收入差距迅速缩小，从而为2020年全面建成小康社会提供强大支撑。

推进城乡一体化改革，关键是要破除一些认识误区。农村土地实行所有权与用益物权分离，允许用益物权抵押、担保、转让，不是对土地公有制的否定，而是对土地集体所有制实现方式的完善。通过所有权与用益物权分离，土地成为可交换、整合的生产要素，才能实现与市场经济对接，发挥市场对土地资源配置的决定性作用。当然，土地流转有一个用途管制问题，农业用地转为非农业用地必须依法合规。国务院2016年2月印发的《国务院关于深入推进新型城镇化建设的若干意见》提出，要“全面实现城市建设用地增加与农村建设用地减少相挂钩的政策”，是对党的十八届三中全会精神的具体落实。实际上，农村土地制度的改革，也是借鉴了国有资产管理体制改革的经验。党的十四届三中全会提出赋予国有企业对其所占有的国有资产以法人财产权，从而使全民所有制经济与市场经济实现了有效对接。党的十八届三中全会又进一步提出对国有资产要从管资产为主向管资本为主转变，使全民所有制经济与市场经济的融合更加紧密。长期以来，农村土地非商品化已经严重制约了农村经济与市场经济的融合，阻碍了农村生产力发展。党的十八届三中全会指明了农村土地制度改革的方向，需要不折不扣地落实。

重庆市2016年地区生产总值同比增长11%，在全国各省（区市）中名列第一。重庆以西部山区的困难条件，何以领跑全国？主要就是连续七年实行城乡一体化改革，释放出巨大的增长潜力。近几年，重庆的户籍人口城市化率提高速度在全国所有城市中是最高的。通过建立全市统一的地票市场，使退出宅基地的农民分享到重庆市区的级差地租，获得一笔可观的财产性收入。通过市场机制和政府支持，等于送给每一个进城落户的农民10万元“安家费”和5件“新衣服”，包括享受市民的医疗、养老、住房保障，子女入学入托政策和城市居民所有的公共服务。重庆的经验如能在全国推广，必将为整个国民经济注入巨大活力，成为跨越“中等收入陷阱”的根本举措。

2. 完善投资体制，增加公共产品

目前，我国生产资料和个人消费资料几乎全部处于产能过剩状态，唯有公共产品包括公共服务供给不足，包括环境、交通、市政、教育、医疗、养老、信息、文化等，远远满足不了广大居民的需求。公共产品供给不足的原因，是长期以来主要依靠财政投资。财力不足导致发展滞后，农村的发展更落后于城市。解决这一问题，必须加快投资体制改革，推行政府与企业合作模式，通过政策设计，使投资公共产品能够获得合理回报，并通过公开招标，挑选有资质的企

业承担建设、经营任务。在具体方式上，可以有多种选择，包括“建设—经营—转让（BOT）”“建设—转让（BT）”等。采用这种模式，解决城市交通拥堵、停车难、看病难、入托难、进敬老院难以及垃圾、污水处理等问题，就是一件容易做到的事情。此外，抓紧建设覆盖全国的高铁网、城市群内部和市区郊区之间的轨道交通网，建设覆盖城乡的新一代互联网，将为未来发展奠定基础。如何把节能环保产业打造为一大支柱产业，是2016年《政府工作报告》提出的重大任务。这就要改变认为治理环境会延缓经济发展的传统观念，把环境治理培育为新的投资热点和经济增长点。为此，要真正落实党的十八届三中全会提出的“谁污染、谁付费，推行第三方治理制度”。政府要制定统一的污染物排放标准，并严格监督执行，使所有企业处于同一起跑线上，改变治理污染的企业吃亏、弄虚作假的企业赚钱的状态。应当看到，目前治理各种污染物的技术和装备都是成熟的，大部分立足国内即可解决，只要肯付出一定的成本，认真地而不是敷衍了事地去做，战胜雾霾、还我蓝天的目标完全能够早日实现。通过上述供给侧体制改革，激发投资活力，优化投资结构，不仅体现以人为本的发展目的，而且对近期稳增长和长期持续发展，进而跨越“中等收入陷阱”，都将发挥至关重要的作用。

推行PPP模式，必须有多个部门协调配合。优选建设项目，是规划和行业主管部门的职责，财政需要提供引导资金支持，银行信贷资金应当跟进，只有相互配合，才能达到事半功倍的效果。否则，单靠哪一个部门，都是难以完成的。

选择投资主体，对国有企业、民营企业应一视同仁，平等竞争。鼓励各类所有制企业组建股份制的项目公司，建立强有力的领导指挥机构，承担投资风险。要坚持过去行之有效的项目业主负责制、招标投标制、施工监理制等，确保工程质量。要加强对PPP项目从建设、经营到资金偿还的全过程管理，避免出现违约和债务风险。

3. 借鉴美国经验，狠抓科技创新

跨越“中等收入陷阱”，必须实现产业结构从以劳动密集型、资源密集型为主向以资本密集型、技术密集型、知识密集型为主的转变。这就必须加大技术研发投入，以具有自主知识产权的技术提升产业结构和产品结构。依靠外资公司带来的技术，是不可能跨入高收入国家行列的。因为，谁掌握了技术，谁就掌握了利润的分配权。要实现民富国强，除了提高技术研发能力和国际竞争能力，没有别的出路。

从国际比较来看，美国长期居于全球科技领先地位，有许多成功经验。2015年，美国申请国际专利5.7万项，比上年减少6.7%；中国申请国际专利3万项，比上年增加16.8%。美国的申请量是中国的1.9倍。而在2011年，美国国际专利申请量为中国的6倍。中国同美国在国际专利申请量方面的差距正在迅速缩小。在国内发明专利申请量方面，2006年以来我国已连续超过美国，居全球首位。要想在科技创新能力上赶上和超过美国，至少应当在以下五个方面向美国学习：一是美国有充分竞争的市场。企业不创新，就意味着很快会倒闭。所以，美国的企业都把创新作为生存之道。

美国大学之间也有激烈竞争。好的大学才能吸引到优质生源，教师的薪酬才能高一些。美国考核大学办得好或坏，主要看对相关产业发展的影响度，即一个学院或一个系在多大程度上带动了相关产业的技术进步。美国的硅谷主要是依托斯坦福大学和加州大学贝克莱分校发展起来的。这两个学校的理工科专业，所有的老师和学生都搞科研，都有自己的专利甚至企业。大学是科技进步的策源地，是创造技术专利的基地，教师站在科技进步的最前沿，培养出的学生也是创新型的。二是美国政府在不同时期提出一些重大科技工程，政府与企业合作攻克，带动了世界技术进步。例如：政府提出的曼哈顿工程，带动了核电工业发展；星球大战计划带动了航天航空业发展；信息高速公路工程带动了互联网发展；最近提出的新能源和再工业化计划，正在取得进展。三是完善的风险投资体系，包括天使投资、种子基金、创业投资基金（VC）、私募股权投资基金（PE）、纳斯达克市场等。在斯坦福大学旁边，有一个风险投资小镇，集中了一大批风险投资公司。学校的老师学生有一个创新构想，马上就会有一批风险投资家围上来，帮助分析深化研究的路径、技术工程化和产业化的前景，并提供资金支持。许多创新可能失败了，但少数成功的创新所带来的收益远远弥补了失败的损失。四是吸引全球人才。美国通过提供优厚的报酬和良好的研究条件，吸引了全球创新人才。在硅谷每年新创办的企业中，有一半左右是由亚裔主要是华人、印度人创办的。美国的大学用优厚的奖学金吸引全球的尖子生来留学，毕业后挑选优秀者留下来工作。我们提出要“择天下英才而用之”，美国实际上早就这么做了。五是军民融合的工业体系。美国国防部每年有3000亿美元以上的军事科研课题和军品订货，接受课题研究和订货的企业，除了满足军方需求外，其技术成果可以无偿转为民用，这带动了民用高科技产业发展。我们在科技创新上正处于追赶美国的过程中，认真研究借鉴美国的经验，虚心当好学生，是非常必要的。

要继续强化企业作为创新主体的作用。令人高兴的是，2013年在全球企业按国际专利申请量排名中，华为、中兴进入了前三位。在进入前50名的企业中，中国企业有4家，都是深圳的企业。应鼓励企业把更多的利润用于研发投入，特别是要发挥国有企业在自主创新中的骨干和带动作用。对一些高度依赖进口的高科技产品，如芯片、发动机、碳纤维等，应组织产业集群，实施协同攻关，成果共享。

科技成果转化率低，是当前我国的一个突出问题。其原因是：一些技术成果不够成熟；对技术成果工程化、产业化的重视程度不够，投入不足；有一些职务发明，由于技术转让收入的大部分要上缴财政，因此技术发明者对转化的积极性不高。应当针对这些问题，采取有效措施，从多方面努力，加快研发成果向现实生产力转化。

改革教育体制，创办高水平、创新型大学，培养大批创新型人才，是提高自主创新能力、实施创新驱动发展战略的基础工程。改革开放40年来，我们通过改革科技体制，努力使企业成为创新主体，解决了长期存在的科技与经济两张皮问题。然而科技与教育两张皮的问题尚未破题，主要表现在大学的创新能力薄弱，对产业技术进步的影响力微乎其微，我国大学每年提交的专利申请量在全球大学中几乎可以忽略不计；具有创新能力的师资极度缺乏，教材内容陈旧，向学生大量灌输早已过时的落后技术和知识；大学之间和学校内部缺乏竞争机制，近亲繁殖，培养不出拔尖人才和领军人才；学校与风险投资体系、企业之间缺乏紧密联系机制，人才培养结构与市场需求脱节。

改革教育体制：第一，应建立大学之间和大学内部的竞争机制。建立大学质量的第三方评估制度和大学教授的聘任制。鼓励社会办学、中外合作办学。美国加州理工学院已连续5年在全球理工科大学排名中居第一位，是培养了钱学森这样杰出人才的学校。其重要经验之一，就是本校毕业的本科生不得报考本校研究生，研究生毕业不得留校任教，以避免近亲繁殖。这个机制值得借鉴。第二，以优厚待遇从全球选拔具有创新能力的师资。斯坦福大学和加州理工学院对教师的选拔都极为严格，只有在全球同行评议中被公认为前几名的学者才会被予以聘任，宁缺毋滥。这项制度如果全面推行有困难，可先在部分学校实行，逐步扩大范围。第三，建立大学与风险投资的对接机制。完善从天使投资到创业板市场的风险投资体系，实施创新全过程的跟踪服务。鼓励大学的教师、学生创造专利等科技成果，并以自己的成果创办高新技术公司。第四，从基础教育到大学教育都要变填鸭式、应试型教育为启发式、创新型教育，培养学生树立改变世界的雄心壮志和创新思维方式。扩大职业教育比例，重视对学生动手能力的技能培训。赋予大学在学科选择、教师选拔、教学内容、培养方式等方面的自主权。

二十四　建立多元制衡的国际储备货币体系

现行以美元为本位的国际货币体系，是在美元脱离金本位宣告布雷顿森林体系解体后形成的。美元作为一种主权货币，它的发行是由美国国内经济需要决定的。而美元作为一种主要的国际储备货币，从有利于全球经济稳定发展的角度来看，其供给量理应既要满足国际经济活动对货币的需求，又要避免过度虚拟化而引发国际金融体系波动。美元在全球经济中的重要功能同其发行决策的国家主权性质不可避免地产生了矛盾。如何解决这一矛盾？重回金本位是不可能的，发行一种超主权货币也面临诸多现实难题，建立具有约束机制的多元国际储备货币体系，即由美元、欧元、人民币为主，组成三足鼎立的国际储备货币体系，再加上其他若干货币，可能是一种正确选择。

1. 以多元储备货币取代单一储备货币是历史的必然选择

2008年，由美元引发的席卷全球的金融经济危机，对各国经济带来沉重打击。总结这次危机产生的原因，找到避免危机再次发生的办法，是当今有责任心的经济学家们绞尽脑汁要解决的问题。人们可以找出引发危机的许多原因，但是，不可否认的是，由于美元金融衍生产品过度泛滥导致经济过度虚拟化，是引发全球金融经济危机的根本原因。长期以来，美国利用全球主要储备货币发行国的地位，滥用国家信用，推行经常项目和财政预算双赤字政策，维持国内居民的过度消费和政府的超额支出，不断积聚了金融海啸的巨大能量。2010年，美联邦政府财政赤字达1.4万亿美元，占国内生产总值的9.4%；公共债务9.02万亿美元，占当年国内生产总值的62.1%。美国的高赤字率和高债务率以及连续几年实施的宽松货币政策，没有引发通货膨胀，利率水平较低，得益于其世界主要储备货币发行国地位，吸引了外国资金和廉价商品流入。

美国成为2008年全球金融经济危机的策源地，又明白无误地告诉我们，依托国家信用制造的金融产品，必须与实体经济的需求和规模相适应。虚拟经济过度膨胀，使美国经济犹如一个建立在沙滩之上的倒金字塔。金融危机前，美国作为底部的次贷约2万亿美元，普通房贷余额12万亿美元，包括资产抵押债券（CDO）和信用违约掉期合同（CDS）在内的企业债约62万亿美元，据国际清算银行的数据，美国各大金融机构持有的金融衍生品达300万亿美元。这样一个头重脚轻的金融大厦，只要其中一个环节出现问题，就会在顷刻之间崩塌。如果说，历史上资本主义的经济危机主要是由物质产品的生产过剩带来的，那么，在金融业高度发达的今天，金融产品依靠主权国家信用形成毫无节制的供给能力，是新的历史条件下全球金融危机产生的重要根源。

总结这次危机的教训，只有找到美元金融衍生产品泛滥的制衡机制，才能建立稳定的国际货币体系。重回金本位是不可能的，因为黄金产量的增长不可能跟上经济发展的需要。当年尼克松总统之所以决定让美元与黄金脱钩，就是因为考虑到这一因素。建立超主权的国际储备货币是一种选择，但具体操作起来，有许多难以克服的困难，作为一种特别提款权（SDR），如何满足全球日常经济活动对货币结算的需要、如何确定各国在统一的国际储备货币中的权重、如何适应世界各国经济发展不平衡的问题等，都是不可逾越的障碍。

由多元制衡的国际储备货币取代单一的国际储备货币，可能是制约国际金融过度虚拟化的正确选择。作为国际储备货币需要具备三个条件：一是有足够大的经济规模；二是在国际贸易中占有较高的比重；三是有一个负责任的政府或行政组织。纵观当今世界，只有美国、欧盟、中国具备这些条件。不足之处是，目前，欧盟和中国在国际储备货币中所占的比重过低。特别是中国，金融市场化改革正在进行之中，人民币国际化刚刚起步。2012年，人民币在国际储备货币中的比重仅占0.2%，几乎可以忽略不计。如果三种货币在国际储备货币中各占一定比重，那么就能够既相互制衡，又相互协调。哪种货币处于贬值趋势，各国政府、企业和民众就争相抛售之；哪种货币处于升值趋势，各国政府、企业和民众就争相购买。用这种制衡机制，迫使货币发行国政府对本国的币值稳定负责，相当于发挥金本位作用。有了这种机制，就能有效促进货币发行国政府从本国利益出发，加强对金融的监管，避免滥发货币和放任金融衍生产品泛滥。从几何学和力学的观点来看，三点可以形成一个平面，三角架构是一个任意放置都能保持稳定的架构。由三种货币作为主要储备货币，才可能满足全球经济发展和金融稳定的需要。会不会出现一个国家为了增强出口竞争力而压低本国货币汇率呢？应当说，汇率是一把双刃剑，压低汇率将降低进口能力，在经济全球化的背景下，汇率下降，意味着本国居民财富缩水，购买力下降，这将降低居民持有本国货币的意愿。当一个国家的居民不愿意持有本国货币而争相持有其他国家货币时，就意味着国家将灾难临头。

2. 多元制衡的国际储备货币体系有利于处理好特里芬难题

如何使国际储备货币的供给既能满足全球经济活动对货币流动性的需求，又能避免超量发行，以保持全球金融和经济稳定，是一个世界性难题，即特里芬难题。建立多元制衡的国际储备货币体系，用铸币税形成激励机制，使储备货币发行国政府增加供给，满足国际货币流动性需要；同时，用各国追求储备货币安全的避险机制，约束主权货币发行国政府适度控制货币发行量，保持本国货币币值的大体稳定。多元制衡的国际储备货币体系与超主权货币即SDR相结合，可能是破解特里芬难题、建立稳定国际储备货币体系的正确选择。

一个国家的主权货币成为国际储备货币，不仅可以大大增强其国际支付能力，从而放大其经济实力，而且需要通过贸易逆差和资本项目逆差输出货币，让渡部分国内市场。显然这件事有利有弊，但总体衡量利大于弊，特别是当一个国家正处于经济赶超阶段或出现偿债困难的时候，借助于国际储备货币发行国地位，有利于更好地利用全球资源加快自己的发展，通过赤字融资缓解甚至消除债务危机。这对国际储备货币发行国来说，无疑是一种激励，将鼓励储备货币发行国政府增加本国货币在海外的流通量。而且，由多种储备货币取代单一核心储备货币，有助于分担输出货币的压力，分散风险。

多元制衡的国际储备货币体系有助于建立货币发行的约束机制，从而避免一种储备货币及其衍生产品泛滥成灾。因为，接受储备货币的国家出于货币安全保值的需要，必然优先选择处于升值趋势或币值稳定的货币。如果某一种货币被世界各国政府、企业和居民看作烫手山芋，那么这种货币发行国的经济必然受到强烈的外部冲击，迫使该国政府采取措施保持币值稳定。2008年金融危机之后，美联储长期推行量化宽松政策，大量向美元注水，成功地向国外转移危机影响，等于由国外美元持有者为美元危机承担了大部分损失。当美国经济走出低谷之后，最近，美联储又从国内经济需要出发，宣布减缓或停止由美联储购买美国国债的政策，美元利率回升，吸引了国外美元回流，由此引起部分发展中国家外汇支付能力降低，出现金融波动的潜在风险。美元发行从国内经济需要出发，不考虑对国际经济的影响，这无可厚非。因为美国政府、国会和美联储是由美国选民推选出来或由美国政府任命的，它代表着美国人民的利益。而美国人民的利益与全球各国人民的利益，往往是矛盾的。要解决这个矛盾，只能靠建立多元制衡的货币发行机制，让各国政府、企业和居民拥有可以替代的储备货币的选择权利，这样才能建立货币供给的约束机制，以维护国际货币体系的稳定。在国际货币基金组织的管理下，扩大SDR的规模，按照各国国际贸易和经济总量在全球中的比重调整其权重，有利于更好地发挥SDR在稳定国际货币体系中的作用。SDR犹如各国国际储备货币的蓄水池，它与多元制衡的国际货币体系相互配合，将对维护国际货币体系的稳定发挥各自不同的作用。

3. 中国金融体制改革将为人民币成为国际储备货币创造条件

按照党的十八届三中全会的部署，中国金融体制正在进行一场全面深刻的改革。这次改革不仅决定和影响中国经济的未来，而且对全球货币体系也将产生重大影响。与现行体制相比，中国金融体制改革将实现四个方面的突破。

一是允许民间资本发起、设立中小商业银行等金融机构。长期以来，由于限制民间资本进入，金融行业在一定程度上处于垄断经营局面，导致资金流动性差，金融资源错配，银行贷款集中投向大企业、重点项目、城市和沿海地区，小微企业、民营企业、农村和中西部地区获得贷款比较困难，贷款利率比欧美发达国家高1倍以上，金融业的净资产利润率比实体经济高出1倍。这次改革的最大突破，就是允许民间资本发起、设立中小商业银行等金融机构，通过强化竞争，降低企业的融资成本，使金融行业过高的利润率降到社会平均资金利润率的合理水平。党的十八届三中全会《中共中央关于全面深化改革若干重大问题的决定》提出，“要发挥市场对资源配置的决定性作用”，放宽准入、增加金融市场竞争主体是其前提条件。只有通过充分竞争，人民币利率即资金价格才能降到与欧美发达国家大体一致的水平。人民币利率下降，不仅有利于支持国内实体经济发展，而且将鼓励资金流出，为扩大人民币海外流通量创造有利条件。放宽金融市场准入的改革，不仅将强化国内金融市场竞争，而且有利于增强国内金融机构的国际竞争力。

二是推行利率市场化。利率市场化是实现市场决定金融资源配置的基本要求。目前，中国已放开贷款利率的下限，下一步将放开存款利率的上限，逐步实现利率市场化。存贷款利率放开之后，短期内可能出现利率上升，但当充分竞争局面形成之后，利率必然下降到正常水平，这是由供求规律决定的。全面放开利率，对现有商业银行将带来一定冲击。因为，长期以来，中国的商业银行已经习惯于在固定利率下过着无风险的日子，缺乏市场竞争力，改革将把它们推到国际竞争的前沿。如何过好市场竞争这一关，是国内商业银行必须面对的最大考验。顺利跨过这一关，中国商业银行将成为国际货币体系的一个有机组成部分，对国际货币的供求和稳定产生重要影响。

三是发展多层次资本市场。中国传统金融体系的一个重要特征是，以间接融资为主、直接融资为辅。这导致金融风险过度集中于银行，企业资本金筹集困难，过高的负债率加大了企业运营成本，降低了企业国际竞争力。发展多层次资本市场的改革，将为企业增加股本融资创造条件。中国的资本市场虽然经过20多年的发展，但远不是一个成熟的开放市场。国内40年改革开放的经验证明，开放是改革的催化剂和推动力，中国资本市场也必须在开放中逐步发展起来。最近出台的上海股票市场与香港股票市场可以异地购买、互联互通的改革，就是资本市场对外开放的重大举措。下一步，还应鼓励实现与台北股票市场互联互通，允许海外企业到大陆上市，就像大陆企业早已在海外上市一样。中国资本市场与国际资本市场的融合，不仅有利于完善自身的监管制度，强化企业评价、资金筹集和利润分配功能，而且将为全球股市增加新的活力，成为新的稳定因素。

四是推进人民币资本项目可兑换。随着中国对外贸易和投资的发展，人民币双边互换规模不断扩大，人民币在国际贸易投资中作为结算工具的比重不断提高，人民币完全可兑换已接近水到渠成。现在，影响人民币完全可兑换的主要担心，是国外短期游资的冲击。根据国外的成功经验，可通过征收托宾税来防止短期资金的大规模流入流出。随着人民币在国外流通量的增加，人民币国际化程度将不断提高。人民币加入国际储备货币行列，将对建立新型、稳定的国际储备货币体系做出重要贡献。

4. 欧元在维护国际货币体系稳定中的地位、作用与战略选择

对于重建布雷顿森林体系，欧元具有特殊的重要地位和作用。欧元问世时间不长，但在国际储备货币中的比重已占24%，最高时达26%。从欧洲的国际贸易、经济总量和面积、人口占全球比重来看，欧元在国际储备货币中的比重还有提高的潜力，欧盟对国际货币体系的稳定应当做出更大贡献。如果将国际金融体系的治理比作一个公司，那就要形成一个内部制衡机制。两个小股东的股权之和必须大于大股东的比重，才能形成有效制衡，避免大股东为所欲为，侵犯

小股东利益。这是一个股份公司能够办好的成功之道。欧元和人民币加入国际储备货币体系，必然要求美元让出一些空间，适度降低在国际储备货币中的比重。2012年，美元在全球储备货币中占62.2%，居于绝对优势。多元储备货币的形成过程，应当是一个和平与平等的市场竞争过程，是一个由用户自主选择的过程，这将促进各国金融机构改善服务。在这个过程中，国际货币基金组织应当发挥重要的协调功能。当欧元和人民币在国际储备货币体系中所占比重之和超过美元比重时，稳定的国际货币体系才可能形成。

欧元和人民币要进入三足鼎立的国际储备货币体系，都要做好“家庭作业”，练好“内功”。欧元作为目前仅次于美元的全球第二大国际储备货币，理应尽快解决好债务问题，加强货币政策的统一协调，增强抗御风险和外部冲击的能力。欧元要增强在国际储备货币中的地位和作用，应当与人民币结为伙伴，加大对人民币国际化的支持力度，开展同人民币的双边互换。否则，单靠欧元的力量与美元相抗衡，必然招致失败。欧元与人民币相互扶持，与美元兼容，是建立长期稳定国际储备货币体系的客观需要，是维护包括美国人民在内的全人类根本利益的需要。经济学家应探寻和尊重客观经济规律，而不能感情用事，也不能固守已经过时的思维定式。

叁

我的治学理念和研究方法

一 经济研究一定要从中国实际出发

经济学是富民强国之学。如何使我国经济尽快赶上发达国家的水平，是经济研究所围绕的目标。我国人口多、经济发展不平衡，国情决定我们必须从自己的实际出发，寻找相适应的发展道路。好的办法来自群众。经济研究工作者一定要深入实际调查研究，善于发现和总结各地发展经济的有效办法，并善于把好的经验提升到国家政策和理论的高度，使之在全国开花结果。多年来，我一听说哪里有好的做法，就一定迅速赶到，做实地调研。因此，我写的文章、报告、建议，都有实际案例作为支撑，做到不说空话。这就叫“接地气”。由于立足于实际，形成的观点也敢于坚持。

中国的改革开放和经济发展是前无古人的事业，没有现成的经验可以效仿，更不可能从书本上找到现成的答案。因此，搞好经济研究，既要有扎实的经济理论基础，又不能被书本知识束缚。在经济社会大变革的时代，每天都会有新问题出现。这就需要坚持问题导向，有什么问题就研究什么问题，解决什么问题，要敢于抓住主要矛盾开展研究，敢于在矛盾的焦点上切一刀，把纷乱复杂的现象理出头绪，找到问题的本质、产生问题的根源，以及解决问题的思路。如果回避矛盾，或者避难就易，就不可能取得高质量的研究成果。这就需要不断解放思想，实事求是，大胆创新，提出自己独到的见解，从而推动经济理论的发展。

我认为，作为一名经济学者，要向孙冶方学习。孙冶方在20世纪60年代就提出“千规律，万规律，价值规律第一条”“搞经济工作，抓住价值规律，就抓住了牛鼻子。否则，就是抬牛腿”。他的这一宝贵思想，实际上为我们20世纪80年代初开始的市场取向的改革奠定了思想基础，他是改革的思想理论先驱。我在中国社会科学院研究生院学习时，聆听过孙冶方的课。孙冶方对我的影响很大。每当遇到需要坚持的观点时，我就想起了孙冶方老师。

中国的国情是复杂的。从中国的实际出发，一定要坚持从整体上、从长远发展角度分析问题，用动态的视角观察问题，要把中国的经济情况吃透。这就必须深入调查研究，了解第一手情况。改革开放以来，我跑遍了全国各地。去得最多的是广东、浙江、江苏等沿海地区，在深入调研中汲取营养。我提出的混合所有的股份制是各类经济成分中最有活力、发展最快的一部分，应当成为公有制的主要实现形式，就是在党的十七大之前到浙江调研得出的结论。这个论断，后来被写入了党的十七大、十八大报告和十八届三中全会《中共中央关于全面深化改革若干重大问题的决定》中，成为国有企业改革的重要方向。2012年，我用9天时间考察淮河，从淮河源头一直走到淮河出海口。所撰写的关于淮河生态经济带开发的研究报告，提出建设千公里河川式水库，把洪水资源化，形成中国第三条出海黄金通道和第四经济增长极。报告经李克强总理批示，国家发改委制定了淮河流域发展规划，并经国务院批复下发。

二　经济研究一定要独立思考

经济学是以不断变化的事物为研究对象的学科。特别是对中国这样的发展中大国，由于经济发展水平和经济体制变化很快，因此不同时期会有不同的矛盾和问题。我的切身体会是，如果用老办法解决新问题，往往导致南辕北辙。我在国家计划委员会时，1993—1998年的6年，我们一直在同通货膨胀做斗争，而到了1998年之后，我们又反转180度，改为同通货紧缩做斗争。因此，前几年宏观调控的基调是抑制通胀，后几年改为扩大内需。如果墨守成规，必然铸成大错。遇到新问题，没有人能告诉你现成的解决办法，也不能听前人说过什么，只能靠实事求是和独立思考，靠独立研究问题和解决问题的能力。作为智库人员，更应发表独立见解，切莫人云亦云或揣摩领导意图。因为在这个时候，领导最需要听的，是智库的意见。对于自己经过独立研究形成的观点，一定要敢于坚持，即使大家都不同意自己的观点也毫无关系，因为历史多次证明，真理往往掌握在少数人手里。

1998年我在国家计委研究室提出发行长期建设国债建议时，有许多有经验的相当负责的同志不赞成，他们的理由就是：历史经验证明，不能用扩大财政赤字的办法搞建设。但是他们忽略的问题是，过去是在计划经济时代，缺乏需求的约束机制，宏观经济管理面对的主要问题是需求膨胀；而在市场经济条件下，投资与消费的约束机制已经建立起来，宏观经济管理面对的主要矛盾是需求不足，何况我国的赤字率很低，发行一些国债不会带来需求膨胀和通货膨胀，相反对解决通货紧缩大有好处。以“不变应万变”，必然带来宏观调控的失误。

针对2011年经济下行压力加大的问题，我提出稳增长亟须货币政策支持。通过对发达国家和新兴经济体在工业化、城市化快速推进过程中M2与GDP增长关系的分析，以及经济的货币化率与证券化率的国际对比，我提出M2增速下降是导致经济下行的根本原因。为缓解经济下行压力，我撰写了《稳增长亟待货币政策的支持》一文，提出应推行积极的财政政策和适度宽松的货币政策，在货币政策上实施降准降息，适度扩大货币发行。我的文章于2015年6月12日公开发表后，被各大网站争相转载，引起了强烈的社会反响。这个建议得到了有关部门采纳。2015年6月27日中国人民银行宣布，从28日起降息并定向降准，这是央行首次使用“降息+定向降准”组合。8月26日，央行再次宣布降准降息，以松动银根支持经济增长。

三　一定要从经济全局来分析问题

国民经济是完整的系统，观察和分析问题，不仅要看局部，更要看整体，要从经济全局的角度来分析局部问题。不仅要看长期，还要兼顾短期。比如研究农业农村问题，一定要把它摆在国民经济全局中来分析认识，不能把农业农村看成一个封闭的体系，孤立地分析研究。又如强调自主创新带动产业升级是完全正确的，但这是需要经过长期艰苦努力才能见效的，是一个长期性问题。如果期望把这项任务压缩到年度来实现，显然是不切实际的，而且会因为过分强调长期任务而牺牲了短期经济增长，导致经济持续多年下行。正所谓“不谋万世者，不足谋一时；不谋全局者，不足谋一域”。

四 必须把对策研究作为主攻方向

作为党政机构内设的研究部门，重点应为经济决策提供智力支持。自己的研究成果能够为中央制定经济政策时所采纳，是研究的目的所在。否则就是做无用功。这是我的坚定理念。在从事政策研究38年的实践中，我把主要精力放在研究中国改革发展中急需解决的问题，不断产生新思想、新观点，并着眼于把研究成果转变成国家决策，着眼于把“球”踢进去。我围绕中央文件起草进行研究，围绕阐释、宣传和贯彻落实中央文件精神进行研究。1981年以来我一直在中央政策研究机构和国务院的综合经济部门工作，这使我有机会亲历改革开放和经济发展的全过程，直接或间接地参与了改革开放以来各项重大经济决策的酝酿、出台和实施过程，为我的经济研究工作提供了得天独厚的条件。我长期从事宏观经济理论和经济政策研究，在计划和投资体制改革、宏观经济调控、中长期发展政策等领域，都有较深的研究和独到的见解。我坚持从实际出发，理论联系实际，绞尽脑汁、竭尽全力地提出建设性意见，提出有针对性的理论观点和政策建议，许多观点和主张演变为实际实行的政策，一些预见也变成了历史事实。如对调整产业结构、转变经济增长方式、扩大内需、转变经济发展方式等问题的研究和政策建议，对解决当时经济生活中存在的问题发挥了重要作用。从建立新型智库到建立亚投行，从建立舟山群岛新区到建立淮河经济带，从观点的提出到在实践中得到落实，无不体现着把解决实际问题作为研究的着眼点。我认为，只有把研究成果转变为国家的发展规划、发展战略和发展政策，这样的研究才是有意义的。多年来我所发表的经济文章和出版的著作，都是围绕着改革开放以来的宏观经济调控、中长期发展战略、重大经济政策进行理论探索，或提出政策建议，或解读中央文件，或反映调研成果。所提出的观点具有较强的前瞻性，切中我国经济发展实际。

五 研究宏观经济一定要把农村问题放在重要地位

在中国，农村问题本身就是全局问题。如果忽略农村问题来分析宏观经济，不可能得出正确的结论。同样，如果不能很好解决农村问题，必将拖中国经济现代化的后腿。在中央政策研究室工作期间，我把相当大的精力投入农村的调查研究，对农村改革发展提出了许多政策建议。

在制定“十一五”规划的时候，为了在解决“三农”问题方面迈出切实步伐，受十七届五中全会文件起草组的委派，由我带领中农办、财政部、建设部、人民银行和贵州省的有关同志，到韩国就“新农村运动”进行了考察。回国后，考察团提交了《韩国“新村运动”考察报告》和《关于建设社会主义新农村的若干建议》两个成果，提出要借鉴韩国经验，抓住机遇，把我国社会主义新农村建设摆在国家重大战略的高度，切实有效地加以推进。之后，我陆续发表《借鉴韩国“新村运动”经验，加快我国新农村建设》《推进新农村建设是实现全面小康的重要途径》《建设新农村需要制度设计》《全面深化农村改革，促进社会主义新农村建设》等文章，在全国引起强烈反响，对推动新农村建设、改善农村发展状况起到了重要作用。

党的十八届三中全会和十九大以后，我又围绕贯彻落实有关精神，对农村土地制度改革、推进城乡融合、实现乡村振兴、建设特色小镇等撰写了一系列文章。我认为，解决好城乡发展差距，是我国改革以来面临的第五次结构大调整，必将释放出强大的新动能，支撑经济的持续增长，避免落入中等收入陷阱，顺利进入高收入国家行列，实现党的十九大提出的发展目标。

六　定性与定量相结合的科学分析方法

在研究过程中，我十分注重定性分析与定量分析相结合，这一特点在我写的文章中表现明显。我认为经济活动具有特殊性和复杂性，研究既要注重定性研究也要注重定量研究，要在各种纷繁复杂的现象中准确把握事物的本质，就要运用定性分析与定量分析相结合的科学方法，力求从众多现象和经济数据中揭示出其内在的经济规律，来达到对于经济现象和经济数据本质的认识。只有努力揭示出各类事物间的相互关系，在科学分析的基础上得出正确的判断，才能提出切实可行的政策建议。也许由于大学是学理工科的，我对数据有着特别的兴趣和敏感。在做研究时，总是坚持用数据说话。在表述自己的思想、观点和研究成果时，运用了大量翔实的数据和事例，力求增强研究成果的说服力。这使得我的研究成果立论扎实，建议合理，措施得力，具有可操作性，说服力强，为经济决策提供了力所能及的智力支持。在实践中我深刻体会到，经济学是一门精细的学科。现代经济中的各种参数既表明经济运行的不同状态，又相互影响。离开具体的动态的经济数据，不可能对经济运行的健康状况做出正确的分析判断。许多经济规律都是在对大量经济数据分析的基础上得出的。我写的文章和提出的观点，总有大量数据和案例支撑，这也是文章和观点说服力强的诀窍。

七　一定要有全球战略眼光

经济学是一门国际性很强的学科，经济全球化是一个不可能改变的历史趋势。经济研究一定要从各国的比较研究中吸取经验教训，获得灵感，并针对中国实际，提出相应的对策。发达国家和发展中国家有不同的国情，大国和小国各有自己的特点。中国作为后发展国家，要发挥后发优势，加快发展，必须学习借鉴发达国家的经验，一定要有全球视野。20世纪80年代初期我们比较多地借鉴日本制定产业政策的经验，之后又学习借鉴德国和美国宏观调控的经验。对于一些发展比较快的小国的经验，如韩国工业化的经验，爱尔兰跨越式发展的经验，芬兰和以色列重视发展科技、教育的经验，荷兰发展高效农业的经验，印度发展软件产业的成功经验，以及法国发展农业合作社的经验等，我都专门前去进行了考察，从中开阔了眼界，得到许多启示。我曾经担任国家计委《中华人民共和国招标投标法》起草组组长，历时五年才完成立法任务。为了起草好这个法律，我走访了各有关国际组织和一些发达国家。美国是我们追赶的对象，为了深入了解美国的经济制度、教育科技、金融市场，我先后对美国做了13次专项考察，包括宏观调控、金融期货市场、咨询市场、直销市场、工业发展政策、科技进步机制、大学教育、企业股权和治理机构、跨国企业集团、硅谷等，从各个不同角度对美国进行了深度观察调研，每一次都有很大收获。虽然改革开放40年来我们已经有了很大发展，但同发达国家相比，仍然有很大差距。为了避免落入中等收入陷阱，顺利跨入高收入国家行列，我们还要谦虚地做“小学生”，要取各国之长，借助各国人民的智慧，来促进我国经济的持续健康发展。

八 一定要勤奋好学、埋头苦干

经济学是一门需要知识和经验积累的学科。我在中共中央书记处研究室时，有幸在梅行同志领导下工作。他是一位品格高尚、才华横溢的老革命家，他经常告诫我们，研究室的家规就是“埋头苦干、无名无利”，这句话对我的影响极深。以后无论我走到什么地方，都把这八个字作为座右铭。做智库工作的人，一定要多读、多看、多思、多写，特别是在精力充沛的年龄，更应抓紧分分秒秒提高自己的水平和能力。我在计委工作时，经常加班，常常到深夜。我的同事们都有一股很高的工作热情。如果加班没有叫上谁，谁就会有失落感。一篇文稿，往往要改很多遍，有时要推倒重来。中央文件的产生过程，在世界上应当说是最为民主的。起草组的同志都把改好每一个字作为与党的事业和人民的利益紧密相关的大事。勤奋、认真，可能是对一个从事经济研究的智库人员素质的基本要求。

九 潜心做好一个智库研究人员

从1981年开始，我就在智库工作，对做好一个智库的研究人员充满感情，我认为这项工作很重要，也很光荣。1993年我曾带队到美国专门考察咨询业，1995年与一个美国朋友合著了《美国技术市场与信息咨询市场》（大百科全书出版社出版），详细介绍了美国智库的发展情况。建立世界一流智库的想法一直是我期待实现的。2008年，我率先提出了建立中国新型智库——民间智库的设想。2009年3月，我协助曾培炎同志组建了中国国际经济交流中心，任该中心常务副理事长、党委书记和法人代表。同年6月，举办了全球第一届智库峰会，国内外著名智库研究人员齐聚一堂，共商全球发展，会议取得巨大成功。美国前国务卿亨利·基辛格在会上发言说："智库峰会这个想法非常简单，而且也非常重要，以前谁有过这个想法呢？""全球经济是一体化的，但是经济决策是分散的，通过召开智库峰会，对协调各国经济决策将产生作用。"我在退休之后，仍希望把中国国际经济交流中心打造成世界一流智库，为中国特色新型智库建设做出有益的探索。

2015年中国国际经济交流中心博士后科研工作站成立，指导老师包括曾培炎、厉以宁、王春正、刘遵义、郑新立、张祥、宁吉喆、樊纲。

肆

代表性论文

确保今年8%增长速度存在的问题和建议①

分析今年支撑经济增长的三大因素，国内消费需求将保持平稳增长，预计全年社会消费品零售总额增长10%左右，消费需求在经济增长8%中约占3个百分点。固定资产投资及出口对经济增长的推动作用还存在不确定因素。

从固定资产投资来看。为确保今年8%的增长速度，《中共中央、国务院转发〈国家计划委员会关于应对东南亚金融危机，保持国民经济持续快速健康发展的意见〉的通知》明确扩大内需，加快基础设施建设，在原固定资产投资规模上增加2050亿元。在落实过程中，各方面反映，存在以下问题。一是商业银行“惜贷”“惧贷”的情况比较普遍，特别是对农田水利、生态建设及资本金率低的项目，银行明确表示不愿承贷。为落实新增投资，国家计委已向银行推荐1400亿元的项目贷款，希望落实980亿元贷款，目前银行只承诺175亿元，待评估361亿元，共536亿元，尚有444亿元没有承贷。如果承贷评估进度不能跟上，将影响今年完成的投资额。二是原确定的27850亿元固定资产投资调控目标中，有外商直接投资400亿美元，但据外经贸部预计，全年外商直接投资只能达到350亿美元，比计划减少50亿美元，这意

① 郑新立：《郑新立文集》（第七卷），中国社会科学出版社，2016，第253—255页。

味着将有400亿元的外商直接投资需要通过增加国内投资来弥补。三是技改完成任务的难度比较大。去年计划4300亿元，实际只完成3870亿元。今年原计划4700亿元。在新增的2050亿元投资中，又增加技改投资200亿元，全年技改任务达到4900亿元。由于市场约束增强、企业自有资金不足、缺乏技术储备，选择有市场、有效益的项目难度较大。一些银行对技改投资实行“还旧贷新”“以新还旧”的办法，使更新改造贷款难以足额到位。

从出口来看，由于受东南亚金融危机的影响，增长的势头减弱。按外经贸部提出的目标，今年全年出口、进口均增长10%，出口额2010亿美元，进口额1566亿美元，顺差444亿美元，比去年增加40亿美元，净出口可以拉动经济增长0.3～0.4个百分点，这是比较乐观的估计。

在这种情况下，全年总投资在经济增长8%中要拉动4.7个百分点，固定资产投资达到29800亿元，增长17.8%左右。这样，使固定资产投资新增2050亿元，就能基本保证8%的增长目标。但是从3月华东、天津交易会等出口订货以及近期调查的情况看，全年实现出口增长10%的难度较大，出口增长按5%，进口增长仍按10%，外贸顺差320亿美元，比上年减少83亿美元，净出口对今年经济增长的作用将转为-0.7个百分点左右，与顺差444亿美元的情况相比较，有1～1.1个百分点需要由境内投资来弥补，总投资要拉动经济增长5.7个百分点，固定资产投资要达到30800亿元，增长21.8%左右。因此，需要在已经增加2050亿元的基础上，再增加1000亿元固定资产投资。综上所述，如果其他因素不考虑，仅外商直接投资和净出口的减少，全年国内投资需要再增加1400亿元，才能确保8%的增长目标，如果1400亿元投资加不上去，将影响今年经济增长速度1.5个百分点左右，全年的增长速度可能只有6.5%。

为使今年8%的增长速度建立在稳妥、可靠的基础上，我们建议，再启动一批地方的基础设施建设项目，可选择若干地方财力比较好、有条件的城市，新开一批供水、供热、供电、污水处理、轨道交通等工程。有的项目地方都已做了大量的准备工作，不少已报批过，加快建设的条件比较成熟。还可选择一批中小型农田水利、生态建设项目。为满足增加投资对资金的需要，允许地方以后的财力适当提前使用，由地方国投发行债券250亿元，今后由预算内和非预算内资金来归还。建议增发国债250亿元，期限可为8～10年，发行对象可增加机构投资者的比例。

目前我国国债余额占国内生产总值的比重只有4.93%，远远低于发达国家40%～50%的水平；国债规模占居民储蓄存款的比重只有6.73%，同国外相比也处于较低水平。增发国债还有相当大的空间。此外，已确定增拨的50亿元中央财政资金，应尽快到位。

注：1998年4月，国务院决定增发1000亿元十年期长期建设债券，在实际执行中按1250亿元掌握，同时银行配套贷款1000亿元，集中用于交通通信、农田水利、城市基础设施和环保、城乡电网改造、经济适用住宅等领域的建设。这项政策对扭转通货紧缩的趋势、扩大内需、保持经济平稳较快发展起了重要作用，同时形成了一批优良资产，增强了经济发展后劲。1997年7月以后，从泰铢大幅度贬值开始，东南亚一些国家和地区货币币值相继狂跌，美国、中国香港股市跌破历史纪录。为了应对亚洲金融危机对国内经济的冲击，1998年4月郑新

立撰写了《确保今年8%增长速度存在的问题和建议》，提出通过发行国债扩大内需的建议。报告经时任国家计划委员会主任曾培炎上报国务院，朱镕基总理1998年4月18日批示："请岚清、邦国、家宝、吴仪同志阅。"国务院副总理吴邦国4月23日批示："是否可启动一些城市建设项目，如低压电网的改造，市内交通（有条件、有需要的城市的轨道交通）、城市环保等项目，当然不能一哄而起，要视需要与可能，以上意见供酌。"国务院副总理李岚清4月27日批示："赞成邦国同志的建议。"国务院副总理温家宝4月22日圈阅。国务委员吴仪4月20日批示："外贸出口还要千方百计实现10%的增长率。"4月，国务院决定增发1000亿元、十年期建设债券，在实际执行中按1250亿元掌握，同时银行配套贷款1000亿元，集中用于交通通信、农田水利、城市基础设施和环保、城乡电网改造、经济适用住宅等领域建设。国债连续发行了5年。这项政策有力地扭转了通货紧缩趋势，支持了当期经济增长，并为之后10年经济的高速增长奠定了坚实基础，成功地把亚洲金融危机的挑战变成了发展机遇。

关于设立由我主导的亚洲基础设施投融资机构的建议[①]

党的十八大报告提出，推动同周边国家互联互通。习近平主席在博鳌亚洲论坛2013年年会上指出，我国将加快同周边国家的互联互通建设，积极探讨搭建地区性融资平台，促进区域内经济融合，提高地区竞争力。针对此问题，中国国际经济交流中心进行了专题研究，并邀请外交部、发改委、银监会、外汇管理局、社保基金理事会、国家开发银行、中投公司等有关单位和专家座谈，形成了较为一致的意见。我

① 本文为郑新立于2013年7月写的关于设立亚洲基础设施投资银行的建议，经中国国际经济交流中心理事长曾培炎报送习近平总书记和李克强总理，得到两位领导人的高度肯定。2013年10月，习近平主席在雅加达同印度尼西亚总统苏西洛举行会谈时，宣布中方倡议筹建亚洲基础设施投资银行（简称亚投行）。建立亚投行的主要目的是援助亚太地区国家的基础设施建设，促进亚太地区互联互通建设和经济一体化进程。2014年10月24日，中国、印度、新加坡等21个首批意向创始成员国的财长和授权代表在北京签约，共同决定成立亚洲基础设施投资银行（AIIB）。2015年6月29日，亚投行的57个意向创始成员国代表在北京出席了《亚洲基础设施投资银行协定》签署仪式。中国以297.804亿美元的认缴股本和26.06%的投票权，居现阶段亚投行第一大股东和投票权占比最高的国家。亚投行的设立，是人民币走向国际化的关键一步，改变了中国在世界经济中的地位，是中国国际地位提升的一次重要成果，是改变全球治理格局务实的一步。有评论认为亚投行的建立，是中国做出的最富有智慧的举动。著名经济学家斯蒂格利茨对亚投行的建立给予积极评价，认为2015年将开启中国金融时代元年。

们认为，基础设施建设和互联互通是亚洲经济新的增长点，也是亚洲经济一体化的重要基础。推动设立由我国主导的地区性投融资机构，加快同亚洲国家的基础设施合作，有利于我国增强对周边国家的影响力，在亚洲经济一体化进程和构建以我国为中心的区域经济体系中居于主动地位。在当前国际国内形势下，设立该机构十分必要且现实可行，条件基本具备，应予积极推进。

一　设立由我主导的亚洲基础设施投融资机构符合我国战略利益

（1）实施“以经促政”战略，培育运用软实力，有利于营造和平稳定的周边环境，维护我国政治、安全利益。美国提出“重返亚洲”“亚太再平衡”等战略，强调“巧实力”，对亚太政治经济安全格局施加影响。亚洲地区边界领土与海洋权益争端升温，一些国家对华两面性突出，对我国倚重、依赖与疑虑、防范心态交织。应对这种局面，我国在策略上宜采取“硬”和“软”两手并重，巧妙实施“以经促政”战略是一张有效的牌，应作为开展周边外交的重要抓手。一则，大力提倡互利互惠的经济议题，主导经营亚洲基础设施互联互通，有利于加强我国同周边国家的利益纽带，增强我国经略周边的能力，缓解当前地缘政治紧张的压力。再则，推进以我国为中心的亚洲互联互通网络建设，有助于打通我国通向各主要方向的海陆空通道，建立更为安全稳定的资源能源运输线，夯实周边国家的战略依托，扩大我国安全战略回旋空间。

美国“二战”后发起了世界银行和国际货币基金组织，日本20世纪60年代在经济刚刚起飞时就推动建立亚洲开发银行和海外经济协力基金。这些全球和区域金融机构的设立，有力地扩大了美元和日元的国际及地区影响，为美日以更加快捷的方式赢得了巨大的国际资源，成就了其今日的国际地位。设立由我国主导的地区性投融资机构，有助于将我国经济实力转化为政治、外交影响力和渗透力，进一步树立起我国作为大国支持邻国发展、负责任的良好形象，提升我国的国际影响力。

（2）亚洲基础设施投资需求强劲，互联互通面临重大机遇，是今后我国与周边国家深化经济合作的重要领域和内容。亚洲多数国家处于工业化、城镇化初级阶段，发展一直受到基础设施的“瓶颈”制约。近年来受国际金融危机影响，亚洲各国普遍希望将基础设施投资作为促进增长和结构调整的契合点和抓手，大都推出了各自的规划。譬如：泰国政府计划以港口、轨道系统和公路网络等建设为重点，改变物流基础设施的“短板”现象；菲律宾政府计划把2013年的基础设施建设投入提高19%；东盟也提出了“互联互通总体规划”。据亚洲开发银行统计，2010—2020年，亚洲各国国内基础设施投资合计约需8万亿美元，另需近3000亿美元用于区域性基础设施建设。

一段时期以来，日本、韩国等国家积极投身到亚洲基础设施互联互通建设。日本通过亚洲开发银行、官方开发援助

（ODA）等渠道不断加大对亚洲国家基础设施的投资，试图以此开拓国际市场，缓解国内经济长期低迷带来的压力，并在亚洲基建联通建设上掌握主导权，提升其区域影响力。亚洲基建联通是一个巨大的市场，需求十分强劲，合作发展的潜力很大。我国位于亚洲中心位置，地缘优势明显，亚洲联通在很大程度上是与我国联通。我国更应占领先机，有所作为，积极深化对亚洲基建投资的参与度。应该说，这项工作是继中国—东盟自贸区建设之后，我国加强与亚洲各国经贸合作的又一重要举措，从而形成贸易、投资“双轮”驱动模式，推动我国与周边国家建设更加全面、稳固的经济关系。

（3）以金融合作带动产业“走出去”，有助于发挥我国资金优势，消化国内富余产能，拓展我国经济发展空间。近年来我国外汇储备余额持续增长，大部分用于购买美国等发达国家国债，收益率较低。近期西方国家普遍实施量化宽松政策，使我国外汇储备进一步缩水。如果能拿出一部分资金，用于建立地区性投融资机构，投向回报较为稳定的基础设施项目，可以为外汇储备寻找更佳的使用途径，增强资金安全性。同时，通过该机构也有助于推动人民币地区化、国际化，在区域金融合作架构上强化我大国地位。

我国正处于结构调整阶段，部分行业产能过剩严重。据统计：2012年我国钢铁产能10亿吨，过剩超过2亿吨；水泥产能30亿吨，过剩8亿吨。建立由我国主导的投融资机构，扩大亚洲基础设施建设投资，有利于带动原材料出口和相关产业对外投资，可以为消化和转移国内过剩产能提供新的出路。

近年来，我国企业对外投资并购屡屡遭遇不同国家投资壁垒，特别是一些国家以国家安全为由否决我国企业投资合作的案例越来越多。而通过我国主导的多边商业性融资平台，促进我国企业参与亚洲互联互通项目建设，有助于减少周边国家和国际社会对我国的疑虑，避开双边合作中的敏感问题和分歧矛盾，为国内企业“走出去”创造较好条件。

二 设立由我国主导的亚洲基础设施投融资机构具有现实可能

第一，我国已具备相当的人财物等条件。我国经济实力不断增长，经济总量位居世界第二。财政状况健康，居民储蓄率较高，外汇储备达到3.4万亿美元。在国内经济建设中，积累了大量有关规划制定、项目建设与管理等方面的经验和做法。拥有一批在世行、亚行等国际金融机构和跨国公司工作过的熟悉国际事务的高级管理人才。在建筑、公路、铁路、电力、电信、水利等领域有不少有实力的大企业，工程技术、施工队伍与机械装备性价比高，在国际上具有竞争优势，“走出去”愿望强烈。

第二，亚洲发展中国家因实力不足有求于我国。基础设施建设投入大、周期长，亚洲发展中国家政府财力有限，世界银行、亚洲开发银行侧重扶贫，私人资本对基建投资较为谨慎。总体看，现行区域融资渠道难以满足需求，许多项目迟迟落实不了。这些国家对加强与中国的合作有所期待。去年8月在柬埔寨举行的第44届东盟经济部长系列会议上，东盟国家提出，2013年就互联互通问题到中国进行宣介，希望吸引更多中国企业参与建设。

第三，欧美国家自顾不暇为我国创造良机。亚洲地区尤其是东南亚、南亚、西亚地区，是欧美国家重要的资源能源来源地，历史上受美欧等国长期影响和渗透，对其依附较深，基础设施建设上吸收其投资也比较多。但当前美欧面临债务困境，相对财力下降，政府、金融机构和企业都处于财务收紧状态。美欧国内自身基础设施陈旧，面临大量改造，忙于自顾，无暇及此。同时，在基础设施领域，西方企业建设成本高，缺乏竞争力。这为我国进入亚洲基建联通领域创造了千载难逢的时机。

第四，该机构与亚行等其他机构并行不悖。该机构与现有的亚洲开发银行并不矛盾。亚行的主要任务是社会事业、扶贫开发，其可用资金相对有限。而该投融资机构主要投向基础设施，通过筹措建设方面资金，可以弥补亚行区域内投资重点局限和资金不足的缺陷。此外，该机构与金砖国家开发银行和上海合作组织开发银行在区域涵盖、地缘和经济互联性等方面具有较大不同，不构成竞争和交叉，是互补与合作的关系。

当然，设立这样一家投融资机构也会遇到一些不利因素：美日近年对我国在周边活动存在防范心态，在亚洲基建投融资问题上可能对我国形成牵制；近期本地区领土、海洋权益等问题升温，可能影响周边国家对我国主导机构的认同；各国政治局势、经济周期、法律体系、政府政策、利益协调等诸多风险因素可能对该机构国际化经营运作形成干扰等。

今年博鳌亚洲论坛提出“亚洲基础设施合作倡议”，建议扩大地区各国基础设施规划的交流合作，并成立专门的多边金融机构或基金。各方对此反应积极，形成了一定共识。新加坡内阁资政、论坛理事吴作栋，印度企业事务部长皮洛特等表示亚洲地区有实际需求，愿积极促进和推动。亚行副行长斯蒂芬·格罗夫也表示，该倡议很有必要，可以为亚洲“短板”的基础设施建设提供资金。总的来看，设立新的亚洲基础设施投融资机构符合亚洲大多数国家的意愿和利益，符合我国长远战略意图和对外工作大局，当前我国应抓住机遇，顺势而为，有必要、有能力发起设立该机构。

三　设立由我主导的亚洲基础设施投融资机构的几点考虑

设立亚洲基础设施投融资机构是未来我国对外工作中的一项重大举措，意义深远，但也较为敏感。在实施过程中，既要在实质效果上达到我国战略考虑，同时在操作形式上也要符合国际惯例，让国际社会和有关国家欣然接受。

第一，开放透明、国际色彩。该机构应坚持开放性，在确保我国主导地位的前提下，允许包括各国政府、国际机构、社会资本和私人投资参与，向美欧日等地区开放。强调其国际机构的性质，充分借鉴世行、亚行的经验，与国际市场规则接轨，按国际惯例办事，接受国际社会的监督。

第二，商业运行、兼顾公益。该机构定位于商业性质，投资必须考虑资金利益回报。这既是吸引各方投资的需要，也是回避政治目的的好办法，同时有助于与亚行、世行相区别。实际上，从中长期看，基础设施项目还是具有较好回报的，至少会高于美国国债收益。在商业运作的同时，适当兼顾一些对目的国有重要意义的公益性项目。

第三，拉住东盟、争取美日。我国与东盟等周边发展中国家在互联互通方面的相互需求最为突出，这些国家又是我国外交的政治基础。因此，筹建该机构首先需要这些国家的积极支持与参与。同时，妥善处理好与美、日的关系，增信释疑，争取理解和支持，力争形成共同合力建设亚洲的局面，至少不至于抵制或掣肘。

第四，以我为主、当仁不让。此事必须由中国来挑头，确保我国在该机构中的主导地位。在资本构成上，我国应下决心给予足够投入，超过日本成为第一大股东。在机构创设、章程起草、人员配置等方面保持主动。积极推动人民币在该机构资本金和未来筹资运作中使用。对于这一点，考虑到我国的经济实力和影响力，只要我方争取和坚持，各方应该是可以接受的。

四 设立由我主导的亚洲基础设施投融资机构的具体建议

（一）定位和名称

该机构定位于银行类商业金融机构，主要功能是为亚洲国家基础设施提供中长期融资服务，包括交通、电信、能源、市政以及水利、农业、生态环保等领域。名称可考虑为“亚洲基础设施建设合作银行”（或“亚洲实业银行”“亚洲建设银行”“亚洲交通银行”等）。

（二）总部选址

鉴于该机构的国际化性质，可考虑设在政治经济较为稳定、与我国关系较为友好的国家，如泰国、马来西亚、印度尼西亚等；也可考虑设在中国香港，这有利于加强中国香港作为国际金融中心的地位，促进中国香港的长期繁荣稳定。

（三）高管人选

为实现我国对该机构发展、运作的有效控制和影响，应由我方派资深财金专家担任该机构最高负责人，其余核心中高层及基层也应有相当比例中方人员。同时，尽可能吸收国际人才参加，以体现国际化特色。

（四）资本金规模和来源

该机构应采取股份制形式，目标资本金可考虑为1000亿美元左右，随着业务开展逐步到位，资本充足率略高于一般商业银行。考虑到基础设施项目的长期性和一定的公益性，机构贷款利率应略低于市场利率。参照日本在亚行创建时的做法，我国在该机构创建时应争取占股49%，以确保我国的主导地位，同时也为今后股比稀释后，我国仍能占据主导地位预留空间。中方主要出资人可由一家银行承担，从现有财政援外资金中划出一部分，作为对出资人的贴息，同时鼓励其他国内机构和企业共同出资。

（五）推进路线图

对内，建议由一位国务院领导牵头（或中财办牵头），成立跨部门的指导小组和工作小组，负责有关前期工作，包括方案论证、实施步骤、配套政策等。对外，由国内和亚洲地区多、双边民间机构出面，进行宣传推介，交流探讨，以争取共识。待时机成熟，可利用我国领导人出席亚洲有关会议等重要场合，以适当方式正式对外打出有关倡议。

在实践中探索符合中国国情的改革方法[①]

改革开放是决定当代中国命运的关键一招，也是决定实现“两个一百年”奋斗目标、实现中华民族伟大复兴的关键一招。回顾40年来的历史征程，从农村到城市、从试点到推广、从经济体制改革到全面深化改革，我国改革开放走出了一条中国特色社会主义道路，极大地促进了经济社会发展。我国改革开放之所以能够取得巨大成功，一个重要原因就在于中国共产党带领全国人民始终坚持实事求是、理论联系实际、一切从实际出发，在实践中不断探索符合中国国情的改革方法。

一 把“三个有利于”“两个是否”作为检验改革成效的标准

40年前，一场关于真理标准问题的大讨论，解放了大家的思想，也解放了社会生产力。邓小平同志深刻总结改革开放经验，提出要把“是否有利于发展社会主义社会的生产力，是否有利于增强社会主义国家的综合国力，是否有利

① 本文原载于《求是》杂志2018年第14期。

于提高人民的生活水平”作为评判一切工作是非得失的根本标准，为我国进入改革开放新时期作了充分的思想准备。小岗村的土地承包到户，实践证明打破了平均主义、“大锅饭”，有利于增产增收。尽管当初有不少人认为承包到户是搞资本主义，但由于我党把实践作为检验真理的唯一标准，小岗经验势不可挡地迅速推广，带来全国粮食连年大幅增产。在改革开放推动下，不到10年时间，我们一举解决了长期困扰中国人民的吃饭问题。改革从农村推向城市，从农业推向工业企业，从微观经济推向宏观经济，星星之火终成燎原之势。党的十八大以来，习近平总书记根据中国经济发展进入新时代、社会主要矛盾发生深刻变化、全面深化改革进入新阶段的大背景提出，“把是否促进经济社会发展、是否给人民群众带来实实在在的获得感，作为改革成效的评价标准”。这一重要论断，继承和发展了“三个有利于”思想，对于新时代始终坚持以人民为中心、牢牢把握改革的正确方向、推进国家治理体系和治理能力现代化具有重要的理论和现实意义。5年多来，党中央先后出台重要改革文件360多个，推出重大改革举措1500多项，夯基垒台、积厚成势，汇聚起推进全面深化改革的强大正能量，谱写了新时代改革新篇章。

二 坚持社会主义市场经济的改革方向

我国40年的改革进程，向世人充分彰显了一个趋势，就是始终坚持社会主义市场经济的改革方向。计划经济本质上否定社会产品的商品属性，或仅仅承认个人消费品的半商品性质。与此相对应，计划经济体制把国民经济看作一个大工厂，产品统一调拨，资金统收统支，人员统一调配，工资同步增长，全国的投资都要集中到国家计划委员会，地方和企业没有投资权。在新中国成立初期，为了集中力量进行工业化建设，这种体制发挥了一定的积极作用。但是，随着经济规模的扩大，计划经济体制的弊端越来越显露出来，阻碍了生产力发展。人们越来越认识到，只有发挥市场的作用，通过价值规律的运动，在同一行业内部，把资源配置到最优秀的企业，实现优胜劣汰；在不同行业之间，按照社会需求的大致比例分配社会劳动，才能实现各类商品供求的动态平衡。从改革初期开始重视商品生产、商品交换，到计划经济为主、市场调节为辅，再到有计划的商品经济，继而到1992年党的十四大提出建立社会主义市场经济体制，反映出我们党对中国特色社会主义经济体制的不懈探索和对社会主义市场经济发展规律认识的不断深化。特别是从党的十四届三中全会提出发挥市场对资源配置的基础性作用，到党的十九大提出使市场在资源配置中起决定性作用，更好发挥政府作用，这个重大判断有利于在全党全社会进一步树立关于政府和市场关系的正确观念。新时代处理好政府和市场的关系，必须按照习近平总书记的重要论述，要讲辩证法、两点论，把“看不见的手”和“看得见的手”都用好。

三 坚持渐进式改革和稳中求进的方法

中国的经济体制改革是史无前例的伟大事业。40年来我们推进改革的一条重要经验是，一方面通过改革加快推进经济社会发展，实现人民收入较快增长，使改革赢得人民的支持，另一方面必须坚持循序渐进的原则。对于看准了的事情，就坚决改；没有看准的，就等一等。我们认识到，那种所谓"休克疗法"的改革方式是对人民不负责任的行为，我们应该在旧的经济体制中培育新经济体制的萌芽，鼓励其成长，最终逐步取代旧的经济体制。对所有制结构的调整，就是一个渐进式改革的成功范例。改革初期，尚未找到国有企业、集体企业改革的有效途径，我们在不断对公有制经济领域的改革进行探索的同时，采取改革措施鼓励发展民营经济。例如，20世纪80年代在轻纺工业实行"六个优先"的政策，促进了乡镇企业的异军突起。随着民营经济的不断壮大，国有企业改革的条件日渐成熟，方向更为明确，积极性大为提高。可以说，如果没有民营经济的发展为国企改革创造条件，国企改革是不可能顺利进行的。正是通过渐进式改革方式，我们真正实现了公有制经济与非公有制经济相辅相成、相得益彰。党的十八大以来，习近平总书记进一步将稳中求进工作总基调上升为治国理政的重要原则和做好经济工作的方法论，强调稳是主基调、是大局，在稳的前提下要在关键领域有所进取，在把握好度的前提下奋发有为。正是

“稳”和“进”的有机统一、相互促进，才为深化改革开放和经济结构调整创造了稳定的宏观环境。

四 坚持顶层设计和基层探索良性互动

坚持顶层设计和基层探索良性互动都是推进改革的重要方法。我国幅员辽阔，各地区、各行业的发展条件千差万别，对必须取得突破但一时还不那么有把握的改革，采取试点探索、投石问路的方法，看准了再推开，这是推进改革的一条基本经验。特别是党的十八大以来，以习近平同志为核心的党中央立足改革全局，统筹谋划、科学组织试点工作，在土地、科技、生态、企业、司法、扩大开放、医疗卫生等方面推出一批重大改革试点，形成一大批可复制可推广经验。比如，党的十八届三中全会《中共中央关于全面深化改革若干重大问题的决定》提出以管资本为主加强国有资产监管、积极发展混合所有制经济和允许混合所有制经济实行企业员工持股，这是总结企业改革发展的成功经验形成的改革举措。汇金公司就是管资本的成功案例。它管理着数十万亿元的资本，运营效率和效益都很好。它对所有国有银行持股，但并不干预所持股银行的经营活动，银行有充分的经营自主权。汇金公司根据对各个银行持股比例的多少，向各个银行的董事会和股东大会派出不同职务的管理人员，行使不同的权益。再如，对第三产业企业实行营业税改增值税，这项改革举措使第三产业企业的税负平均降低30%以上，促进第三产业连续多年实现快速发展。这项改革先从部分地方的部分行业开始试点，取得成效后逐步在全国的绝大部分行业推广。虽然改革初期出现税收总额下降的情况，但随着深化改革带来第三产业的迅速发展，税收总额又逐步回升，并远远超过改革之前。对小微企业提高税收起征点，效果更为明显。由于新办企业数量迅速增多，企业发展加快，不仅增加了就业，而且扩大了税基，最终增加了税收。

五 坚持以开放促改革、促发展

以开放促改革、促发展，是我国现代化建设不断取得新成就的重要法宝。改革开放之前的30年，由于国际环境制约，我国基本上是在封闭半封闭情况下主要依靠自力更生进行经济建设的。1978年开始的对外开放使我们打开了眼界，学习国外先进管理经验和技术，扩大商品和人才交流，大大加快了我国现代化进程。在宏观管理体制上，20世纪80年代我们借鉴了日本的产业政策以及收入倍增计划、财政投融资、银行窗口指导、进口替代等政策，90年代参考了德国稳定物价政策、社会政策等，吸收了美国的宏观调控、财政政策与货币政策配合、资本市场监管、科技进步政策、基础设施建设融资方式、农业发展政策、军民融合等经验。对一些中小国家和发展中国家的成功经验，如韩国快速实现工业化，荷兰发展高效农业，芬兰重视科技教育，爱尔兰兴办出口加工区，以色列重视科技研发，印度发展软件产业等经验，我们也都认真考察学习。在有关市场经济立法方面的有益做法，我们也积极借鉴吸收。正是在学习借鉴各个国家经验的基础上，逐步形成了具有中国特色的宏观经济管理体制。在微观管理体制上，我国大批引进国外资金、技术，鼓励兴办合资、外资企业，迅速提升了中国企业的技术水平和国际经营能力。从兴办经济特区到开放沿海沿边内地城市，我国逐步形成了梯次开放格局。深圳是一个以开放促改革、促发展的成功范例。从引进外资开始，逐步发展创新型、外向型内资企业，短短40年时间，深圳就从一个小渔村发展为粤港澳大湾区经济总量最大的创新型城市。2017年，我国商品出口总额居世界第一位，进出口总额和利用外资总额居世界第二位，对外投资总额进入世界前列。经过40年改革开放，我国经济正在实现从“引进来”到“引进来”和“走出去”并重的重大转变，已经出现了市场、资源能源、投资“三头”对外深度融合的新局面。党的十八大以来，中国主动参与并引领经济全球化进程，实施共建“一带一路”倡议，推动构建人类命运共同体，积极推进国内自由贸易试验区和自由贸易港建设，更高水平的全面开放新格局正在形成。

六　坚持改革的系统性、整体性、协同性

经济体制改革涉及从宏观到微观的各个方面，不同时期的改革都要有一个总体规划，分清轻重缓急，稳步协调推进。这个总体规划就是每隔几年由党的中央全会做出关于

改革的决定，对改革进行全面部署。1984年党的十二届三中全会《中共中央关于经济体制改革的决定》，1993年十四届三中全会《中共中央关于建立社会主义市场经济体制若干问题的决定》，1999年十五届四中全会《中共中央关于国有企业改革和发展若干重大问题的决定》，2003年十六届三中全会《中共中央关于完善社会主义市场经济体制若干问题的决定》，2008年十七届三中全会《中共中央关于推进农村改革发展若干重大问题的决定》，2013年十八届三中全会《中共中央关于全面深化改革若干重大问题的决定》等，都是具有里程碑意义的总体规划，指导改革不断夺取新的胜利。各个部门和地方根据中央决定精神，制定改革实施细则，确保改革有重点、分步骤有序推进。此外，随着改革的深入，我们更加注重改革的协同，既抓改革方案协同，也抓改革落实协同，更抓改革效果协同。党的十八大以来，改革从经济体制向政治体制、文化体制、社会体制、生态文明体制和党的建设制度全面展开，党的十九大把“着力增强改革系统性、整体性、协同性”作为过去五年全面深化改革的一项重要经验，并写入了新修正的党章。以习近平同志为核心的党中央注重厘清重大改革的逻辑关系，推动有条件的地方和领域实现改革举措系统集成，在国有企业改革、科技体制改革、农村土地制度改革、生态文明体制改革、国家监察体制改革、司法体制改革、党的建设制度改革、构建开放型经济新体制等方面打出一系列“组合拳”，提高了改革的整体效益。

附录

主要论著名录：《郑新立文集》（十六卷）

1．郑新立．郑新立文集（第一卷）（1981—1990年），北京：中国社会科学出版社，2016.

2．郑新立．郑新立文集（第二卷）（1981—1990年），北京：中国社会科学出版社，2016.

3．郑新立．郑新立文集（第三卷）（1994—1996年），北京：中国社会科学出版社，2016.

4．郑新立．郑新立文集（第四卷）（1995—1996年），北京：中国社会科学出版社，2016.

5．郑新立．郑新立文集（第五卷）（1995—1996年），北京：中国社会科学出版社，2016.

6．郑新立．郑新立文集（第六卷）（1995—1997年），北京：中国社会科学出版社，2016.

7．郑新立．郑新立文集（第七卷）（1997—1999年），北京：中国社会科学出版社，2016.

8．郑新立．郑新立文集（第八卷）（1999年），北京：中国社会科学出版社，2016.

9．郑新立．郑新立文集（第九卷）（1999—2002年），北京：中国社会科学出版社，2016.

10．郑新立．郑新立文集（第十卷）（2002—2005年），北京：中国社会科学出版社，2016.

11．郑新立．郑新立文集（第十一卷）（2003年），北京：中国社会科学出版社，2016.

12．郑新立．郑新立文集（第十二卷）（2003—2006年），北京：中国社会科学出版社，2016.

13．郑新立．郑新立文集（第十三卷）（2006—2009年），北京：中国社会科学出版社，2016.

14．郑新立．郑新立文集（第十四卷）（2009—2011年），北京：中国社会科学出版社，2016.

15．郑新立．郑新立文集（第十五卷）（2011—2014年），北京：中国社会科学出版社，2016.

16．郑新立．郑新立文集（第十六卷）（2014—2016年），北京：中国社会科学出版社，2016.